우리나라 전통 무늬 3 나전·화각

Korean Traditional Pattern 3

Lacquerware Inlaid with Mother-of-Pearl,
Woodenware Adhered with painted Ox-horn Sheet

기획 및 진행

총괄	이귀영(미술문화재연구실장), 김선태(전 미술문화재연구실장)
기획	이귀영, 임형진(학예연구관)
진행	이연재(학예연구사)
유물 선정	미술문화재연구실, 박영규(용인대학교)
글	이연재, 심홍·서지민(연구원)
편집 교정	이연재, 심홍
사진	한국기록문화연구소, 한국미술사진연구소
일러스트	디자인피클, R2D2 visual, 임근선

일러두기

1. 《우리나라 전통무늬 3, 나전·화각》은 국립문화재연구소가 2006년부터 추진하는 '한국전통문양원형기록화' 사업의 일환으로 우리나라 전통 무늬를 분야별 시리즈로 발간하는 작업의 세 번째 성과물이다.

2. 도록은 통일신라시대부터 20세기까지 나전과 화각 공예 유물에 나타난 대표적인 무늬를 정리하여 수록한 것으로 문양분류표준안에 근거하여 식물무늬, 동물무늬, 자연산수무늬, 기물무늬, 문자무늬, 기하무늬, 인물무늬로 대분류하였으며, 각 장의 소분류에서는 시대순으로 배열하였다.

3. 도록 구성은 크게 사진 편과 일러스트 편으로 되어 있다. 사진 편에는 나전·화각 분야 유물 110건에 대한 유물과 세부 무늬 사진을 수록하고 일러스트 편에는 유물의 무늬를 재구성하여 활용할 수 있도록 만든 일러스트를 실었다.

4. 무늬의 명칭은 가능한 우리말로 표기하였고, 한자와 영문을 병기하였다. 각 유물에는 세 자리 아라비아 숫자로 고유번호를 부여하였다.

5. 유물에 관한 세부 사항은 무늬 명칭, 유물 명칭, 시대, 소장처, 크기 순으로 표기하였고, 영문도 같은 순서로 표기하되 크기는 생략하였다. 유물에 대한 기본 정보는 각 소장처에서 발간한 자료에 근거하여 작성하였다.

6. 책에 실린 유물 사진은 직접 촬영하였으며, 촬영하지 못한 유물은 국·공·사립박물관 및 개인 등 소장 기관의 협조를 받았다. 사진을 제공해준 소장처 및 자료 제공처는 부록의 '소장처 목록'에 따로 표기하였다.

7. 〈기하무늬〉 설명, 〈용어 설명〉에 수록된 사진은 국립문화재연구소 무형문화재연구실에서 '무형문화재 기록화사업'을 위해 촬영(최호식 촬영)한 것을 사용하였다.

우리나라 전통 무늬 ³ 나전·화각

Korean Traditional Pattern ³

Lacquerware Inlaid with Mother-of-Pearl, Woodenware Adhered with painted Ox-horn Sheet

국립문화재연구소 편

눌와

우리나라의

나전과 화각 무늬에

담긴 독자성

우리나라의 나전 공예는 조개껍질을 가공하여 붙이는 기법으로 오랜 역사와 신비로움을 지니고 있습니다. 특히 고려시대의 나전 무늬와 장식 기술은 그 정교함으로 높게 평가받아 청자와 함께 고려를 대표하는 주요 교역품으로 자리매김했습니다.

《동국문헌비고東國文獻備考》에 11세기 문종文宗이 요遼나라 왕실에 나전기螺鈿器를 선물로 보냈다는 기록이 있으며, 송나라 서긍徐兢이 쓴 《선화봉사고려도경宣和奉使高麗圖經》에 나전 공예의 세밀함을 언급한 내용을 보면 고려의 나전에 대한 선호도를 가늠해볼 수 있습니다. 조선시대의 나전 공예는 고려시대의 전통을 기반으로 하여 발달하였으나 고려와는 또 다른 조선 특유의 미감을 지니고 있습니다.

한편 화각 공예는 소뿔을 얇게 갈아 각지角紙를 만들고 그 위에 그림을 그려 붙여 무늬를 만드는 기법으로 조선시대 후기에 등장하였고, 화려한 색감 때문에 규방용 가구와 소품을 중심으로 발달하였습니다.

나전과 화각 공예는 나무 바탕에 재질이 다른 장식 재료를 붙여 아름답게 꾸민다는 공통점이 있습니다. 이 두 기법은 제작 공정 자체가 무늬를 시문施文하는 방법이므로 무늬를 통해 당시의 사회와 시대상을 보여주고 있다고 해도 과언이 아닙니다.

나전과 화각 공예는 재료나 기법 면에서 우리나라의 독자성이 담겨 있는 분야입니다. 따라서 집중적으로 정리하고 연구해야 할 과제임에도 현재 다른 분야에 비해서 조사 · 연구가 적은 것이 우리의 실상입니다.

이번에 출간하는 《우리나라 전통 무늬 3 나전 · 화각》은 국립문화재연구소에서 추진하고 있는 전통문양원형기록화 사업의 일환으로 '우리나라 전통 무늬' 시리즈의 세 번째 결과물입니다. 이 책은 고려시대부터 20세기까지의 나전과 화각의 무늬에 초점을 맞추었습니다. 이를 통하여 향후 나전 · 화각 공예에 대한 심도 깊은 연구의 지평을 넓히고 인식을 제고할 수 있을 것으로 기대하고 있습니다.

《우리나라 전통 무늬 3 나전 · 화각》 발간이 가능하도록 협력과 수고를 아끼지 않은 관계자와 국 · 공 · 사립 박물관 및 개인 소장자들께 깊은 감사를 드립니다.

국립문화재연구소장

김삼권

우리나라의
나전과 화각 공예

나전螺鈿은 조개껍질을 가공하여 자개를 만들고, 자개로 무늬를 만들어 칠면漆面에 장식하는 칠기 장식 기법이다. 나전에서 나螺는 나선형의 껍질을 지닌 조개류를 두루 일컫는 말이다. 그리고 전鈿은 금속판을 새겨 넣는 꾸밈을 뜻하여 감장嵌裝한다는 말로서 조개껍질을 박아 장식한다는 뜻이다. 따라서 나전이라는 말은 넓은 의미로 다양한 종류의 조개나 대모玳瑁, 상아象牙, 호박琥珀 등의 보석류를 칠기漆器에 새겨 넣어서 장식하는 기법을 일컫는 것이다.

현존하는 우리나라의 나전 공예 작품이나 그에 관한 역사적인 기록은 고려시대의 예가 많이 알려져 있다. 중국 당대唐代에는 나전 공예라 할 수 있는 유물이 본격적으로 등장하여 유행하였다. 동시대에 같은 문화를 향유하였던 통일신라에서도 그러한 영향에 의해서 나전칠기가 제작되었을 가능성이 높다.

우리나라는 이미 기원전 4세기경부터 나전칠기의 기원이 된다고 할 수 있는 칠기가 제작되고 있었으므로 독자적인 나전칠기 문화가 발달할 수 있는 재료나 관련 기법 등의 기술력을 비롯한 제반 여건이 갖추어져 있었을 것으로 추정된다. 더욱이 통일신라시대에는 공장부工匠府에 금전錦典, 철유전鐵鍮典, 와기전瓦器典과 함께 칠전漆典이라는 왕실의 식기食器를 담당하던 부서가 존재하였다. 이러한 역사적인 사실을 기록하고 있는 문헌과, 나전칠기와 관련되는 칠공예품을 살펴보는 것은 우리나라 나전칠기의 기원을 살펴보는 실마리가 될 것이다.

1 나전 공예의 기원

우리나라 나전칠기의 기원을 살펴보는 데 서막을 여는 자료는 낙랑樂浪(기원전 108~
기원후 313)의 채화칠협彩畵漆篋이다. 1916년 평양 근교의 낙랑고분에서는 칠기류가
다량 출토되었다. 출토품 중에서도 채화칠협은 내주외흑內朱外黑을 기본으로 흑
칠 바탕에 주朱, 황黃, 녹綠, 청靑, 적赤으로 채색하여 무늬를 그리는 채화彩畵 기법
이 사용되었다. 그리고 일부 유물에서는 침각針刻이나 대모복채玳瑁伏彩 기법,
시회蒔繪 기법 등으로 무늬를 표현하기도 하였다. 한사군漢四郡의 하나인 낙랑에서
칠기를 사용하였다는 것은 곧 우리나라도 기원전 4세기경에는 칠기를 제작할 수
있는 기술을 보유했을 가능성이 있음을 말해준다. 충청남도 아산 남성리南城里 석
관묘에서 출토된 옻칠 편片들은 칠기의 성분 분석 결과 낙랑 칠기와는 다른 칠기
제작 기법을 사용한 것으로 판명되어 이러한 추정에 에 힘을 실어주고 있다.

　　이후 원삼국시대原三國時代(기원전후~300년경)의 유적지인 창원 다호리茶戶里,
광주 신창동新昌洞 등지에서는 다양한 종류의 칠기가 출토되었다. 특히 다호리 유
적의 제1호분에서는 원형과 정방형의 칠두漆豆를 비롯해서 칠필관漆筆管, 칠궁漆弓
등 20여 점의 칠기가 출토되었는데, 이 출토품들은 단순히 옻나무에서 채취된 자
연칠을 사용한 것이 아니라 가공과 정제의 과정을 거친 칠을 사용하고 있다.

　　철기시대鐵器時代로 접어들면서 삼국三國에서는 각기 칠기를 생산하였고,
그 유물들을 통해서 제작 기술이 향상되었음을 알 수 있다. 고구려의 강서고분에
서는 건칠관乾漆棺의 일부가 수습되었으며, 우현리 고분의 중묘中墓에서는 채화흑
칠기彩畵黑漆器가 발견되었다. 서울 석촌동의 백제 고분에서는 칠관漆棺, 칠궤漆櫃,
칠반漆盤이 출토된 바 있고, 공주 무령왕릉武寧王陵에서는 칠관을 비롯하여 채화두
침彩畵頭枕, 채화금장족좌彩畵金裝足座 등 완형에 가까운 칠공예품이 출토되어 백제
칠기의 수준을 가늠하게 해준다. 신라의 5세기 이후 고분에서도 상당량의 칠기
류가 발견된다. 그 예가 시원적인 평탈平脫과 감장嵌裝기법으로 장식된 경주 호우
총壺杅塚 출토 칠전통漆箭筒이다. 이상의 삼국시대 칠기류 대부분이 의례품儀禮品인
점으로 볼 때 특수한 목적을 위해서 한정적으로 제작되었을 것으로 추정된다.

일상생활 용기用器로서 칠기의 사용이 보편화된 시기는 통일신라시대이다. 이러한 사실은 경주 안압지雁鴨池에서 출토된 명문칠합銘紋漆盒과 목심칠대접木心漆大楪, 목심칠연木心漆硯을 비롯한 33점의 칠기와 100여 점에 달하는 칠기편을 통해서 확인할 수 있다.

한편 통일신라시대에는 칠기에 금이나 은판을 무늬에 따라 오려붙이고 다시 옻칠을 한 다음 표면을 연마하여 금·은판이 나타나도록 하는 평탈 기법이 등장하였다. 평탈은 칠기를 장식하는 새로운 기술로서 나전 기법과 유사점이 많아 그 기초가 되는 기법으로 평가된다. 표현하는 평탈 기법은 통일신라시대 목공예의 새로운 기술적인 역량을 말해줌과 동시에 나전 기법과 유사한 면이 많아서 나전 기법의 밑거름이 되는 기술로 인정된다. 평탈을 사용한 목공예품의 대표적인 예로는 경주 안압지에서 출토된 은평탈화형장식銀平脫花形裝飾이나 도쿄박물관東京博物館 소장 은평탈육각합銀平脫六角盒, 그리고 국립중앙박물관 소장 금은평탈보상화문경金銀平脫寶相華紋鏡을 들 수 있다. 평탈 기법은 통일신라 이전부터 우리나라에서 독자적으로 발달된 칠기 문화의 전통 위에 당대唐代의 선진 기술의 영향을 받아 발전한 것으로 볼 수 있다.

삼국시대에는 왕실이나 귀족 등의 상류층을 중심으로 제례祭禮와 관련된 특수한 용도의 기물을 칠기로 제작하였다. 그 후 삼국의 칠기 제작 전통을 계승한 통일신라는 당과의 밀접한 문화 교류 속에서 새로운 칠기 장식 기술을 수용하였으며, 그 예로 평탈 기법을 들 수 있다. 나전 공예는 평탈 기법과 장식 재료상의 차이만 있을 뿐 제작 공정은 거의 흡사하여 이 시기에 이미 나전 공예품의 제작 여건이 조성되었을 것으로 추정된다. 제작지가 확실치 않아 단언하기는 어려우나 리움 소장의 043 나전단화금수문경螺鈿團花禽獸紋鏡은 적어도 통일신라시대에는 당에서 도입된 나전 공예의 기술력을 바탕으로 독자적인 나전 공예품을 제작할 만한 여건을 갖추고 있었을 가능성을 보여준다.

2

고려시대의 나전 공예

고려시대는 국교國敎인 불교를 바탕으로 귀족이 정치 사회의 중심 역할을 했던 시기이다. 이러한 정치적인 배경 아래 화려하면서도 격조 높은 미술 문화가 발전하였다. 나전칠기는 고려의 독자적인 공예 기법으로 장식적인 면과 기술적인 면에서 상감청자와 더불어 고려를 대표한다고 할 수 있다.

현존하는 고려시대의 나전 공예품은 20여 점에 불과하지만 관련 문헌 기록을 살펴보면 나전 공예품은 고려를 대표하는 특산품이었으며, 그 뛰어난 기술과 아름다움은 동아시아 일대에 널리 알려져 있었음을 알 수 있다. 조선시대 문헌인 《동국문헌비고東國文獻備考》에는 11세기에 문종文宗이 요遼 왕실에 나전기螺鈿器를 선물로 보냈다는 내용이 기록되어 있으며, 《해동역사海東繹史》〈교빙지交聘志〉의 내용에 따르면 12세기 초부터는 나전 제품이 고려의 주요 교역 품목이었다고 한다. 또한 송나라 휘종徽宗 황제가 파견한 사절의 일원으로 고려를 방문하였던 서긍徐兢은 당시 고려의 문물文物을 살펴보고, 《선화봉사고려도경宣和奉使高麗圖經》을 지었는데, 나전에 대해서는 다음과 같이 쓰고 있다.

> 기병이 탄 말안장과 언치는 매우 정교하며 나전으로 안장을 꾸몄다.
> – 권15, 〈車馬騎兵馬〉條
>
> 그릇에 옻칠하는 일은 그리 잘하지 못하지만 나전으로 만든 것은 세밀하여 귀하다고 할 만하다.
> – 권23, 〈雜俗 2, 土産〉條

이상의 내용에서 고려의 나전 공예는 그 세밀함과 정교함을 두루 인정받고 있었음을 알 수 있다.

한편 고려와 같은 시기에 중국은 송대宋代가 되면서 무문칠기無文漆器가 칠공예의 주류를 이루게 되며, 송·원대元代인 13세기 무렵부터는 여러 색상의 칠을 반복한 후, 조각칼로 도려내어 무늬를 완성하는 조칠彫漆 기법이 유행한다. 이후 명대明代에는 광택을 낸 칠면에 무늬를 조각하고 그 부분에 다시 칠을 넣은 후

건조되기 전에 금분金粉이나 채칠을 넣어 상감하는 창금戧金 기법과 전칠塡漆 기법이 유행하였다. 하지만 고려에서는 이러한 기법으로 무늬를 표현한 예가 없으며 완전히 다른 재료와 기술로 고려만의 나전 공예를 발전시켰다. 고려 나전 공예품의 제작은 국가에 의해 통제되었는데, 이는 고려의 나전장이 소목장小木匠, 조각장彫刻匠, 주렴장珠簾匠, 소장梳匠, 마장磨匠 등과 함께 중상서中尙署에 속해 있었음을 통해 알 수 있다. 고려의 관제官制가 대폭 개혁되고 확립된 것은 10세기 말 성종成宗 때인데, 이 무렵에는 나전칠기 제작소도 본격적으로 운영되었을 것으로 여겨진다. 몽고난 후에는 '전함조성도감鈿函造成都監'이라는 특별 기구를 설치하는데, 이는 원종元宗 때에 원나라 황후가 막대한 분량의 대장경大藏經을 요청함에 따라 불교 경전을 넣을 함을 제작하기 위하여 마련된 것이다. 전함조성도감에서 제작한 경함이 정확히 어떤 종류인지는 알 수 없지만, 이전까지의 전례나 현존하는 다양한 종류의 고려시대 경함으로 보아 나전칠기였을 가능성이 크다. 고려 나전 공예는 20단계 이상의 제작 과정을 거쳐서 완성되는데, 흑칠이나 주칠 바탕에 나전과 대모 그리고 은선銀線 또는 동선銅線을 감입嵌入하여 무늬를 표현한다. 자개는 전복 껍질을 종잇장 정도 두께로 얇게 갈아서 사용하는데, 이는 중국에 없는 고려의 특징적인 기법이다.

　　고려시대 나전 공예의 표현 기법 중에서 가장 특징적인 것은 주름질이다. 무늬를 구성하는 요소 하나하나를 자개로 오리고 붙여 전체의 형태를 만든다. 고려 나전 공예의 두 번째 특징은 무늬에 금속선이 함께 사용된다는 것이다. 금속선의 재료는 은이나 동, 황동 등이며 형태는 단선單線과 두 줄의 단선을 새끼줄 모양으로 꼬아 만든 착선錯線으로 구분된다. 단선은 가지나 줄기, 넝쿨 등의 무늬를 표현할 때 사용되며, 착선은 모서리 부분에 부착하여 기형器形을 견고하게 하는 역할을 함과 동시에 무늬의 경계선으로 사용된다. 마지막 특징으로는 나전과 대모 그리고 채색을 함께 사용한다는 점을 들 수 있다. 대모가 투광透光된다는 점을 이용하여 뒷면에 채색하고 나전과 함께 붙여 장식 효과를 높였다.

이상에서 살펴본 바와 같이 고려의 나전 공예는 화려하면서도 정교한 고려시대 미술의 특징을 잘 드러내는 대표적인 분야이다. 고려 나전칠기의 우수성은 오랜 시간 동안 축적되어온 기술의 바탕 위에 새롭게 전래된 외래 요소에 영향이 더해져 비약적으로 발전된 것이다. 이후 나전 공예는 조선시대가 되면서 새로운 전환점을 거쳐 독창적인 방향으로 변화, 발전하는 양상을 보인다.

3

조
선
시
대
의
　나
전
　공
예

고려 왕조가 몰락하고 조선 왕조가 성립되는 14세기 후반부터 15세기 전반은 문화적으로 고려시대 말의 전통을 계승하는 한편 새로운 경향을 모색하는 시기이다. 나전 공예 역시 같은 범주에서 이해할 수 있다. 즉 고려시대에 주로 사용되었던 무늬와 기법을 고수하면서도 무늬의 단위가 커지고 구성이 다소 느슨해지며, 금속선의 넝쿨 줄기를 끊음질을 이용한 자개 넝쿨 줄기로 대체하게 된다. 따라서 고려 나전에 보이는 정교함은 사라졌지만, 대범하고 거침없는 무늬 구성이 등장하여 조선시대만의 독자적인 특징으로 자리 잡게 되었다.

　　조선시대 초 · 중기 나전 공예의 특징을 시기별로 나누어 살펴보면 다음과 같다.

　　14세기 말~15세기는 고려시대의 전통이 가장 농후하게 남아 있는 시기이다. 이 시기에는 넝쿨무늬가 느슨해지거나 원말 명초에 보이는 겹국화무늬가 등장하는 등 소극적인 변화가 있다. 그러나 고려시대 나전 공예에서와 같이 국화 넝쿨무늬가 중심 무늬를 이루며 통일감 있는 구성을 유지하고 있다. 또한 자개 하나하나를 잘게 잘라서 쓰는 주름질 기법을 사용하며, 무늬 단위가 약간 커지기는 하지만 고려시대의 것과 큰 차이를 보이지 않는다는 점도 고려시대의 전통이 계승되는 것이라 하겠다.

　　15세기~16세기 중반에는 보다 적극적인 변화가 보이기 시작한다. 이 시기의 나전 공예는 고려시대의 전통을 계승하는 계열과 새로운 조선만의 특징을 모색하는 계열로 양분되는데, 후자는 꽃무늬의 전통을 이어간다는 점을 제외하면 고려 나전칠기와는 확연하게 구별된다. 이 시기의 가장 큰 특징은 단위 무늬가 커지면서 사실적인 표현을 시도한다는 것이다. 그리고 무늬의 종류도 다양해져서 중심 무늬가 국화넝쿨무늬에서 모란넝쿨무늬로 변화하고, 여러 종류의 꽃이 한 면에 나타나거나 꽃과 꽃봉오리가 함께 배치되기도 한다. 또한 넝쿨무늬의 전개가 이전 시대에 비해 느슨해져 여백에 여유가 생기는데 이 여유 공간에는 원무늬圓文를 장식한다. 새로 출현한 기법으로는 타찰법打擦法이 있다. 표면이 고르지 못한 자개를 부착할 때 자개를 때려 균열을 내는 타찰법은 무늬의 단위가 커져 큰 자개를 쓰게 되면서 생긴 변화인 것으로 파악된다.

16세기 중엽~17세기 전반에는 무늬 단위가 좀 더 커지며 이에 따라 타찰법의 균열도 더욱 성글어져 전체적으로 대담한 분위기를 자아낸다. 일정한 방향성을 갖고 전개되던 넝쿨무늬도 자유로운 모습으로 변화된다.

17세기 후반에서 18세기 전반에는 동動적으로 표현되던 모란넝쿨무늬 대신 짧은 넝쿨 줄기가 꽃 주변을 감싸는 형태가 나타난다. 이전 시대의 꽃이 측면형과 봉오리로 구성되던 것에서 벗어나 여러 가지 모양의 정면형 꽃이 등장하면서 이전보다 크기가 더 커진다. 또한 모란넝쿨무늬만으로 기면 전체를 꾸미던 이전과는 달리 사군자 · 모란 · 포도무늬 등의 보조 무늬가 함께 표현된다. 이 가운데 사군자 무늬는 매화 · 난초 · 국화 · 대나무라는 기본적인 구성이 유지되지 않고, 한두 가지는 다른 식물이나 꽃과 새무늬花鳥紋로 대체되는 특징을 보인다. 보조 무늬는 주요한 특징만을 간략하게 나타내고 있지만, 주제의 성격이 명확하게 드러난다. 타찰법은 더욱 성글고 거칠게 표현되어 장식적인 효과를 내고 있으며, 18세기경에는 자개에 선각을 넣어 장식하는 모조법毛彫法이 등장하는 등 기법면에서의 변화도 나타난다.

이상에서 살펴보았듯이 조선시대 16세기까지는 고려시대의 전통 속에서 나전 공예가 발전했는데, 이는 나전 공예를 담당했던 장인들을 국가에서 관리하는 관영 수공업 형태를 유지했기 때문으로 여겨진다. 나전칠 공예는 재료의 희소성으로 인해 매우 고가였기 때문에 민간의 수요가 거의 없었으며, 나전 공예품의 제작 공정 또한 복잡하고 시간과 노력이 많이 드는 작업이어서 제작 물량이 많지 않았다. 나전 공예품의 제작에 많은 시간과 노력이 필요했음은 《비변사등록備邊司謄錄》 인조 20년(1642)의 기록을 통해서도 알 수 있다. 이 기사는 인조가 명한 예물용 나전함의 제작에 대하여 이를 담당하는 공조工曹에서 어려움을 호소하는 내용으로 '자개 일을 하는 데 십수 일이 걸리고 그 위에 칠을 하는 데 십여 일을 잡고 밤을 새우더라도 매우 힘든 작업'이라고 언급하고 있다. 이는 나전 제작 과정의 복잡함과 기일의 촉박함을 가늠할 수 있게 해주는 것이다.

　나전칠기는 재료와 기구 및 수요의 모든 여건이 관청에 의해서 주도되었기 때문에 관영 수공업 체제에 속해 있는 나전장 이외에는 생산이 거의 불가능하였다. 따라서 특별한 규제를 두지 않더라도 사실상 나전칠기의 생산이 제한될 수밖에 없었다. 관영 공방에 소속된 장인들은 어느 정도 사영私營에도 참여하고 있었지만, 그들은 생계를 관영에 의존할 수밖에 없는 처지였다. 즉 장인들의 관업 종사는 일종의 강제적인 형태를 띠기도 하지만 가장 큰 규모의 수공업장과 자금을 가진 고용주로서의 관부官府에 소속되는 것만이 안정된 생활을 보장받을 수 있는 길이었다.

　관영 수공업 체제에 소속된 나전칠기 장인들은 주로 서울에 거주하였기 때문에 경공장京工匠이라 불렀다. 나전 장인들은 모두 장인 등록제에 의해 관청에 소속되어 주로 왕실이나 관청의 수요품 제조에 종사했다. 이러한 사실은 공장의 소속 형태에 의해서도 입증된다. 조선시대 전반에 걸쳐 지방 관청의 외공장外工匠에는 나전장이 한 명도 없고, 서울의 경공장에만 2~4명이 소속되어 있다는 점은 나전칠기가 왕실이나 관청에서 주로 사용되었음을 말해주고 있다.

　이상의 각종 기록과 사회 전반적인 분위기를 종합해보면, 민간의 수요가 거의 없는 시기에 어렵고 오랜 시간이 걸리는 공정을 필요로 하는 나전 공예품을 사적으로 제작하고 판매하는 것은 사실상 불가능했음을 알 수 있다. 따라서 나전 공예의 제작은 조선시대 초기부터 매우 제한되어 있었다. 나전 공예품은 왕실 가례 시의 혼물婚物이나 지배층의 일상적인 사치품 또는 후장厚葬 풍속에 의한 부장용 명기 등, 특수한 용도의 고급품과 우리나라의 특산물로서 중국 황실에 보내는 진상품으로 그 품목이 한정되어 있었기 때문에 무늬 구성 역시 보수적인 경향을 보이고 있다.

그러나 16세기 이후부터는 왕조의 경제적 어려움과 중앙 집권력의 약화로 인하여 관영 수공업 체제가 점차 붕괴되기 시작하였다. 임진왜란과 병자호란을 겪고 난 뒤에 관영 수공업은 무기 제조와 왕실용 사기 번조, 나전칠기 제작 등 극히 한정된 분야에서만 존속되었다. 이 결과로 나전칠기 분야에도 많은 변화가 있었던 것으로 보인다. 대담한 구성과 새로운 무늬가 출현하는 등 보수적인 경향에서 탈피한 변화는 관영 수공업의 붕괴에 따른 자유로운 작품 활동에서 비롯된 것으로 짐작할 수 있다.

18세기 후반에는 상공업이 크게 발달하여, 조선 왕조가 사회·경제적으로 큰 변화를 겪게 된다. 이로 인해 나전 공예 제작이 활기를 띠기 시작하였고, 일반 서민층에까지 그 수요가 폭넓게 확산되어 나전 공예는 새로운 변화의 시기를 맞이하게 된다.

수요층의 확산에 따른 첫 번째 변화는 제작 및 수요 물량의 증가이다. 이는 현존하는 대부분의 유물이 이 시기 이후에 편중되어 있다는 점으로 확인된다. 또한 새로운 수요 계층이 등장하면서 나전칠기는 양식적인 면에서 이전 시기와 다른 양상을 보인다. 기종에서 의복함(관복함), 교지함, 소함, 시통矢筒 등이 주를 이루던 종래와는 달리 반상, 함지, 바느질자, 실패, 연상 등 일상 용도의 기물도 나전으로 장식하기 시작한다. 반면 질적인 면에서는 다소 퇴조의 경향을 보이게 된다. 수요는 갑자기 증가하였으나, 제작은 종래의 생산 방식을 벗어나지 못했기 때문에 질이 저하되고 장식 역시 거칠어지게 된 것이다. 이는 장인들의 기술 전수가 주로 '도제식'으로 이루어 졌던 사실과도 관련이 있다.

한편 나전 공예품의 수요층이 일반 서민에까지 확대되었으나 종래 주고객층이었던 상류층의 수요가 사라진 것은 아니었다. 《만세요감萬機要覽》〈재화편財貨編〉5의 기록(1808년)을 보면 당시 나전소함螺鈿梳函이 1사事당 16량兩이었다. 이를 같은 시기의 백미白米 1석石당 가격인 8량兩을 기준으로 환산하면 쌀 4가마 값에 해당하는 비싼 값이었으므로 일반 서민이 소장하기에는 여전히 부담스러운 품목이었다. 이렇게 상류층이 여전히 수요의 상당 부분을 차지하고 있었기 때문에 그들의 취향을 반영한 나전 공예품은 꾸준히 제작되었다. 전부터 나전 공예품을 향유해왔던 상류층은 새로운 양식보다는 종래에 애용하던 보수적인 양식을 따른 것을 선호했을 것으로 짐작된다. 따라서 새로운 수요층의 출현과 기존의 수요층의 공존으로 이 시기의 나전 공예품은 상류층 취향과 서민 취향으로 양분되는 추세를 보인다.

상류층 취향의 나전칠기는 18세기 이후 경공장에 의해 제작된 관영 수공업 제품 또는 사장私匠이 만들었지만 관청에 공급되었다고 여겨지는 것은 궁정용 나전칠기라고 할 수 있다. 이러한 작품들은 제작 기법이나 무늬, 양식에서 보수적인 성격을 지니는데, 그 특징은 다음과 같다.

첫째, 기종은 특수한 목적이나 제한적 기능을 지니는 것에 한정되며, 목심은 견고한 짜임으로 정성들여 제작하였기 때문에 결구를 보강해주는 거멀이나 모싸개 장식, 형태를 고정하기 위한 못 등을 별도로 쓰지 않았다.

둘째, 고려시대 이래 전통적인 무늬의 소재였던 모란넝쿨무늬를 기면 전체에 포치하여 무늬 구성면에서 균형과 통일감을 유지하는 등 조선시대 초·중기의 특징이 일부 유지된다. 또한 고려시대 경함에서 쓰였던 동선을 넝쿨 줄기나 봉황의 꼬리깃 및 구획선 등에 계속 사용하고 있다.

셋째, 재료를 엄선하여 빛깔이 고운 양질의 자개를 사용하였으며, 자개를 붙일 때 결까지 고려하였기 때문에 자개빛과 반사에 따른 장식 효과가 높다.

이와 상대적인 개념으로 18세기 상공업의 발달로 인해 새롭게 등장한 나전칠기의 수요 계층인 서민의 취향을 반영하는 민수품民需品의 특징은 다음과 같다.

첫째, 나전으로 장식하는 기물이 일상 용기에까지 확대되어 연상, 각종 함류는 물론 자, 실패, 반짇고리, 가께수리, 베갯모 등에도 널리 적용된다. 그리고 목심을 제작할 때 짜임을 하지 않고 판재를 서로 잇대어 못질하였기 때문에 구조가 엉성하다. 이를 보강하기 위해 거멀이나 귀·모싸개 장식 및 자물쇠바탕 등을 과

다하게 사용하여 기형과 무늬가 조화를 이루지 못하고 있다.

둘째, 화보풍의 새와 꽃무늬花鳥紋 등 사실적인 무늬가 출현한다. 이는 조선시대 말기 회화에 많이 보이는 화보풍 그림의 유행과 밀접한 관련이 있을 것으로 생각된다. 특히 화보에 실려 있는 각각의 소재들은 모두 개별적인 무늬의 성격을 가지고 있으므로 나전 공예 무늬의 모본으로 사용되었을 것으로 추정된다.

셋째, 기복적 성격을 띤 십장생 · 쌍학천도雙鶴天桃 · 칠보七寶 · 구봉九鳳 · 문자 등의 길상무늬가 새롭게 등장한다. 이 무늬들은 모두 일반 서민층의 소망과 기원을 담고 있다는 점이 공통이다. 길상무늬는 17, 18세기에 그 전통이 형성되었고, 단독으로 시문되기보다는 다른 종류의 무늬와 함께 시문되는 점이 특징이라고 할 수 있다. 길상무늬가 출현하는 초기 단계에는 화조무늬의 보조 무늬로 사용되다가 후에 화조무늬가 점차 약화되면서 중심 무늬로 자리를 잡게 된다. 길상무늬의 대표적인 예는 십장생무늬이다. 십장생은 서민적인 성격을 가장 잘 반영하고 있는 것으로, 18~19세기의 작품에 가장 많이 나타난다. 전성기에는 끊음질 기법의 기하학적 무늬를 배경으로 십장생을 시문하는 방법을 많이 사용하였다. 원래 십장생은 해 · 산 · 물 · 돌 · 구름 · 소나무 · 사슴 · 불로초 · 거북 · 학의 열 가지를 일컫는 말이지만 무늬로 도안할 때는 일부 요소만을 발췌하여 한 장면을 묘사하듯이 표현한다. 십장생의 개별 요소들이 조합을 이룬 대표적인 형식으로는 사슴 · 불로초 · 소나무의 조합, 봉황 · 오동나무의 조합, 학 · 소나무 또는 대나무의 조합을 꼽을 수 있다.

넷째, 여백 없이 나전을 빽빽하게 기면 전체에 붙여 화려하게 장식하는 시문 형식이 출현한다. 이는 왕조의 말기적인 형식화의 경향과 함께, 개항 전후에 활발하게 유입되었던 청대 문물의 영향이 반영된 것으로 여겨진다.

조선시대 후기 나전칠기를 비롯한 공예 전반의 변화를 야기시킨 상공업의 발달은 무엇보다도 당시의 경제적 부흥과 밀접한 관련이 있다. 임진왜란 이후부터 시작된 중국과의 개시 무역은 18세기에 들어서면서 중강후시中江後市, 책문

후시柵門後市 등 후시 무역으로 바뀌어 민간 상인의 주도 아래 발달하기 시작하였다. 그리고 일본과의 왜관 무역에 한정되었던 조선시대 초기와는 달리 동래상인 등을 중심으로 사무역이 성행하였다. 이와 같이 민간 상인들에 의한 대외 무역이 성행하자 국내 상업계도 활기를 띠기 시작하였는데, 조선시대 전반까지 생산 체제의 중심을 이루어왔던 관영 수공업이 붕괴되고 민간 수공업 체제가 형성됨에 따라 상업 발달이 가속화되었다. 이런 원인들로 나전 공예품 제조 역시 관영 수공업 체제가 완전하게 유지되지 못했던 것으로 여겨진다. 《임원경제지林園經濟志》, 《오주연문장전산고五州衍文長箋散稿》, 《규합총서閨閤叢書》 등 19세기 초엽의 기록들에서 통영과 전주를 나전칠기의 명산지로 들고 있는데, 이는 그동안 경공장에 의해 서울에서만 제작되었던 나전칠기가 이 시기에 지방에서 제작되고 있음을 말해 준다. 관련 문헌 기록이나 작품의 양식적인 특징을 고려할 때, 나전 공예가 지방에서 제작되기 시작하는 것은 18세기 후반경으로 추정된다.

　　관영 수공업 체제가 붕괴되자 장인들은 민간 수공업장에서 민수품을 만들어 수요자에게 직매하거나 시전市廛 상인들에게 도매하는 데 주력하였고 이때부터는 관청에서도 필요한 물품을 시전을 통해 구입하게 되었다.

　　상공업의 발전과 신흥 부유층의 성립은 이 무렵의 고급 공예품이 확산되는 데 근본적인 요인이 되었다. 이들 신흥 부유층은 경제적 부를 바탕으로 상층 문화를 향유함으로써 계층간의 열등감을 극복하고자 그동안 왕실이나 특정 지배층만이 독점적으로 사용하였던 나전칠기 등의 고급 공예품을 구매했던 것이다. 이는 당시 일반 서민층에 널리 애창되었던 민요, 판소리의 내용 속에 나전칠기 등이 빈번하게 등장하고 있는 점으로도 확인할 수 있다. '봉산탈춤', '동래야유東萊野遊', '성주풀이' 등의 가사뿐 아니라 어청도於靑島의 민요인 '범벅타령'에도 호사스러운 치레를 강조하는 대목에서 '자개 함농函籠' 등이 빈번하게 열거된다.

　　조선 후기의 나전칠기 공예는 상공업의 발전에 따른 수요층의 확대로 관영 수공업 체제에 의존하던 조선시대 초·중기와는 완전히 다른 양상을 보인다.

나전 공예품의 종류를 비롯하여 무늬의 구성이나, 내용, 그리고 양식적인 변화가 이루어졌으며, 이러한 양상은 19세기 후반부터 일기 시작한 근대화의 기반을 이루게 된다.

4

조선시대 말기와 근대의 나전 공예

조선시대 공예의 지배적 형태는 전업적傳業的 장인 수공업이었으나 조선시대 후기에 이르면 종래의 관영 수공업이 쇠퇴하고 사영 수공업이 성장하는 추세를 보인다. 이러한 변화는 조선시대 후기의 경제적 변동에 의한 신흥 부유층의 형성과 더불어 나타나게 되며, 전통 공예의 질적 쇠퇴를 가져오게 되었다.

1876년 이후에는 개항과 더불어 1880년에 통리기무아문統理機務衙門이 설치되는 등 근대화의 바람이 불기 시작하였다. 1883년 조선보빙사朝鮮報聘使의 미국사행美國使行 이후 민영익의 국제산업박람회 유치 시도나 만국박람회의 참가를 계기로 임시박람회사무소가 설치되었던 점 등이 그 예이다. 그러나 이러한 주체적 근대화의 움직임은 일본의 내정 간섭과 주권의 침탈로 와해되고 식민지시대를 맞게 된다. 이로 인해 전통 공예에 대한 반성과 개량 의욕은 식민지 상황 아래서 타율적으로 이끌려지게 되고 이 무렵의 나전 공예 역시 일제의 공산 정책에 따라 왜곡과 변질의 길을 걷게 된다.

나전 공예는 식민지 정책을 추진했던 일본인들이 특히 선호했던 공예품이었기 때문에 이 시기의 다른 공예품들보다 양적으로 그 생산이 크게 증가하였다. 그러나 양식면에서는 그들의 취향에 따라 심하게 변형된 양상을 보이게 된다.

한편, 왕실에서는 수공업 체제의 해체로 인한 질적 퇴조에 대응하여 왕실 고유의 전통 기물을 제작해야 할 필요성을 느끼고 1908년 왕실 직영 관영 공방인 한성미술품제작소漢城美術品製作所를 설립하였다. 미술품제작소는 그 설립 촉발의 동기가 수공업 체제의 붕괴에서 기인했으나 전통 공예의 복원과 전통 의장의 유지를 표명하였다. 그러나 시간이 흐를수록 점차 일제 식민지 세력에 의해 타율적으로 주도 되었다. 미술품제작소가 주식회사조선미술품제작소株式會社朝鮮美術品製作所로 변경되고 운영권이 일본인들에게 완전히 이양되면서 이곳에서 제작된 공예품의 형식은 고려·조선시대 공예품들에 대한 단순 모방, 축소, 부분적 기능 변화 등 일본인들의 취향을 반영한 것들이 대부분을 차지하게 된다. 이러한 경향은 1932년 신설된 조선미술전람회朝鮮美術展覽會(이하 선전) 공예부에도 영향을 끼쳐 선전 출품작의 작품 경향을 통해서도 확인할 수 있다.

근대 나전 공예 분야 역시 선전 공예부의 작품을 통해 당시의 경향을 짐작해볼 수 있다.

조선미술전람회는 1922년에 일제에 의해 창설되어 1944년 23회까지 지속되었던 관전 제도로 당시 신인 등용문으로서 위치를 점하고 있었다. 선전 공예부는 11회인 1932년부터 신설되었는데, 공예부의 한인 출품자 대다수는 당시 한반도 전역에 포진하고 있던 전승 공예 기능자들이었다.

선전 공예부의 작품 경향은 크게 네 가지로 집약할 수 있다. 첫째, 조선시대 기형과 무늬 등을 충실히 따르는 전승 형식, 둘째, 중국이나 서양적인 것 등 이국적인 것과의 절충 형식, 셋째, 낙랑이나 고구려 등 복고적 양식을 모방한 것, 넷째, 일본 취향의 기형이나 무늬를 모방한 일본 형식 등이 그것이다.

첫째, 전승 형식은 형태, 무늬, 재료, 비례면에서 조선시대 후·말기의 기본 틀을 그대로 유지하고 있는 것이다. 전승 형식은 다시 전통 기법과 무늬를 토대로 하면서 일부의 기형에 변화를 시도한 것과 전통 기형 및 기법에 기초하여 무늬의 포치만 변화시킨 것으로 세분할 수 있다. 이 형식은 1930년대 선전 초기에 집중적으로 나타나는데, 19세기 말에서 20세기 초엽까지 주종을 이루었던 끊음질 기법이 크게 위축되고 주름질 기법을 바탕으로 하여 정교하고 사실적인 표현이 주를 이룬다. 무늬는 그 구성이 간결하게 정리되고, 19세기 중엽 꽃과 새무늬의 뒤를 이어 나타나 19세기 후반 이후 크게 유행했던 십장생 등 기복적인 무늬가 여전히 지속된다. 무늬 외곽과 천판의 가장자리 등에 당초 계통의 풀꽃무늬 草花紋띠를 이중으로 두른 점 등 이 시기에 새롭게 등장하는 요소도 있다. 특히 선전 공예부에서 끊음질 기법이 위축되었던 것은 당시의 세계 미술사조의 하나인 아르누보 경향에 따른 것으로 보인다. 즉, 아르누보의 영향을 받은 일본적인 곡선 무늬가 주류를 이루게 되면서 기하학적인 선 중심의 무늬 구성 방법은 자연스럽게 축소된 것이 아닌가 한다. 표현 효과에서 제약을 수반한다고 판단하였기 때문이라 추측하는 견해도 있다. 이러한 전승 형식은 전통에 대한 올바른 이해가 전제되지 않은 채 외형의 모방과 전통 답습에 그친 듯한 인상을 준다.

둘째, 외래 양식을 부분적으로 수용한 과도기적인 절충 형식이다. 이것은 다시 중국적 요소를 첨가한 중국 형식과 서양의 양식을 절충한 서양 형식으로 세분할 수 있다.

중국 형식은 중국 명대明代(15~16세기) 이후 유행했던 탁자, 원대의 도자기, 혹은 청대의 칠보화병 등 중국의 기형을 채용하거나 양식을 본뜬 화병 등의 기형적인 면을 전통 양식에 절충하거나, 기면 전체에 여백 없이 화려한 중국식 당초무늬를 빽빽하게 시문하는 구성, 또는 중국적인 산수무늬를 사용한 것이다.

서양 형식은 조선시대 전통 반닫이에 네 개의 높은 서양식 다리를 달거나 삼층장에 서양에서 전래된 거울을 부착하는 등 조선의 전통에 서양 공예품의 기능성과 실용성을 더한 형식이다. 이러한 서양 형식은 서양으로부터 직접 받아들인 것이 아니라 일본을 통해 간접적으로 수용한 것이기 때문에 일본풍과 혼합된 서양 양식이 대부분이다.

이와 같은 절충 형식은 실용성을 높이고 있지만 당시의 외래 문화 수용의 자세와 성급한 모방 심리를 보여주는 예로서, 단순한 외형상의 접목에 따른 구조적인 부조화가 야기되어 어색한 느낌을 자아낸다.

셋째, 낙랑이나 고구려 고분벽화의 무늬를 답습한 복고적 양식의 모방 형식이다. 이 형식은 낙랑 특유의 무늬 소재나 고구려 벽화고분에서 볼 수 있는 무늬를 나전 공예로 재현한 것으로 1930년대 후반부터 유행하였다. 특이한 것은 일본인의 작품에서 복고 양식의 사례가 훨씬 많았다는 사실이다. 이러한 형식이 나타나게 된 배경은 당시 일본학자들에 의해 추진되었던 고대 유물 발굴과 관련해 우리 고대사에 대한 재고가 이루어진 데 있다. 일본인들은 이 시기에 성립된 왜곡된 역사관이 나전칠기를 포함한 공예품에도 나타나도록 유도하였던 것이다.

마지막으로, 선전 공예부의 주류를 이루었던 작품 경향인 일본 형식이다.

이 형식은 당시의 식민지 상황을 긍정적으로 받아들여 일본 양식을 따른 것으로 선전 후반으로 갈수록 더욱 심화된다. 일본 형식은 일본 기형이나 무늬를 모방하거나 부분적으로 변형을 가해 조선 전통 양식과 절충하는 특징이 있다. 예를 들면 공간과 면 분할이 비대칭적인 일본식 장식장棚 구조를 모방하거나, 모모야마桃山 시대 이후 크게 유행했던 일본의 전통 무늬인 오동잎무늬, 수초무늬, 그리고 타원형의 무늬 구성을 차용하기도 한다.

　　　　이러한 경향이 확대된 것은 선전 공예부의 심사위원이 전부 일본 관전계官展界의 유명 작가들로 구성되었다는 점, 당시의 작가 등용문이었던 조선미전에서 일본풍의 모방과 아류적 경향을 따르는 것이 한국인이라는 한계를 극복하고 좋은 성과를 거둘 수 있게 해주는 요인이었다는 점 등이 그 원인이라 할 수 있다.

　　　　지금까지 선전 공예부를 통해 살펴본 근대 나전 공예의 양상을 정리해보면 다음과 같다. 첫째, 창의성이 요구되는 새로운 제작 환경에 적응하지 못하고 조선시대의 유물을 모방하는 등 관행적인 답습에 그친 전통 형식과, 둘째, 일본을 통해 들어온 서양 공예를 무비판적으로 수용하거나 전통 기형에 이를 무리하게 접목한 부조화한 절충 형식, 셋째, 고구려 무용총 벽화고분 등에 표현된 그림이나 낙랑 무늬를 차용한 복고적 형식, 그리고 식민지 상황을 긍정적으로 받아들여 자발적으로 일본 공예의 양식을 따른 일본화 형식이 있다.

　　　　한편, 모든 사회적 제반 여건이 일제에 의해 예속되어 타율적으로 움직일 수밖에 없었던 상황 속에서도 후진 양성과 공예의 진흥을 통해 전통 공예의 활로를 모색하고자 하는 취지로 공예학교가 설립되기도 하였다. 그 대표적인 예로 1927년 전성규에 의해 설립된 나전실업소螺鈿實業所를 들 수 있다. 전성규는 전승 공예에 가장 혁신적인 공헌을 한 나전장으로 1880년을 전후한 시기에 출생하여 1910년대 초엽부터 본격적으로 나전 기법을 배운 것으로 알려져 있다. 그는 1918년 나전칠기의 본고장인 통영에 일본인 키무라木村天紅가 경영하던 통영칠기주식회사의 공장장을 지냈으며, 1920년 그의 제자인 송주안, 김봉룡과 함께 일본에서 제작 활동을 하였다. 현재까지 명맥이 이어져오는 끊음질 산수무늬는 그에 의해 창안된 것으로 알려져 있다. 1922년 귀국 후 나전 공예 전문 교육에 힘썼고, 뜻있는 후원자들의 도움으로 지금의 서울 소공동에 나전실업소를 설립하였던 것이다. 그가 세운 나전실업소는 설립한 지 몇 년 지나지 않아 운영난으로 폐쇄되었으나 전성규는 이후 1934년 태천칠공예소泰川漆工藝所의 초대교장으로 임명되어 나전 공예 교육과 보급에 주력하였다.

　　해방 이후에는 1949년 대한민국미술전람회(이하 국전)가 창설되면서 새로운 전시 체제가 구축되었다. 초기의 국전 공예는 나전칠기와 자수 등을 주축으로 선전과 같이 수공예 일변도의 제작 경향을 보였다. 그러나 국전 중기 이후, 즉 1977년 이후부터 폐막까지 나전 공예는 기계의 도입에 따른 산업의 근대화탓으로 더이상 발전되지 못하였다.

　　1960년대에 이르면 진주패 등 두껍고 큰 자개의 수입에 따라 무늬 도안에 변화가 생긴다. 이는 서양에서 도입된 입식 생활로 인해 가구의 크기가 대형화되면서 그에 비례해 도안의 크기도 커질 수밖에 없었기 때문으로 판단된다.

　　그러나 그 이후에도 나전 공예는 그 명맥을 면면히 이어오고 있으며, 1962년부터 문화재보호법을 제정 공포한 이래 국가에서 나전 공예 기술을 포함한 전통 공예 기술을 보호 육성하고 있다. 현재는 송방웅, 이형만 등이 중요무형문화재 '나전장'으로서 나전 공예의 맥을 잇고 있다.

　　그러나 근대 이후의 나전 공예의 흐름과 관련해서는 연구가 미진한 상태여서 그 전승 현황과 무늬의 변화 양상, 양식적 특징에 대해서 언급하기 어렵다. 또한 나전 기술 교육 시설이나 육성 기관은 턱없이 부족한 실정이어서 나전 기술의 보전과 계승 방안이 강구되어야 할 것으로 생각된다.

5

한국의 화각 공예

화각華角은 화각畵角이라고도 하며, 이것을 기물에 붙여 장식하는 것을 화각 공예라고 한다. 화각은 투명도가 높은 쇠뿔[牛角]을 종잇장처럼 얇게 갈아 각지角紙를 만든 다음 그 뒷면에 오방색을 이용한 그림을 그리고 목재로 된 기물의 표면에 접착제로 붙여 치장한 공예품이다. 채색이 각지를 통해 비쳐보이므로 화려하면서도 은은한 멋이 있다. 이러한 채색법은 복채법이라 하는데, 이 기법은 화각 공예의 기원과 관련되는 동시에 화각의 채색법을 특별하게 하는 중요한 기법이다. 복채 기법이란 대모, 호박, 수정 등 투명성 있는 물체의 뒷면에 그림을 그리거나 채색한 후에 이를 비쳐 보이게 하는 기법을 말한다. 이러한 복채법의 원리는 고대 이집트 미이라의 관장식에서부터, 중국 한대부터 당대에 이르기까지 널리 사용되었다. 우리나라에서는 서울 석촌동에서 동자상을 복채한 유리구슬이 발견되어 원삼국시대부터 이 기법에 대한 인식이 있었음을 알 수 있다. 고려시대에는 불화에 복채법과 유사한 기법인 설채법이 사용되었고 나전칠기 장식에도 복채법이 활용되었다. 그 후 조선시대에도 나전 공예에서 부분적으로 복채법을 사용하고 있어 그 전통이 이어지고 있음을 확인할 수 있다. 이처럼 원삼국시대부터의 전통을 지닌 우리나라의 복채 기법은 화각 공예에 적용되어 본격적인 공예 기법으로 자리잡았다.

화각 공예의 화각이란 명칭이 언제부터 사용되었는지는 정확히 알려져 있지 않다. 다만 1827년 편찬된 서유구徐有榘(1764-1845)의 《임원경제지林園經濟志》와 이규경李圭景(1788-1860)의 《오주연문장전산고五洲衍文長箋散稿》부록 〈오주서종五洲書鍾〉에 골각骨角을 다루는 기법에 대해 기록되어 있어 당시 골이나 각을 주재료로 한 공예품이 제작되고 있었음을 알 수 있다. 또한 이규경의 〈오주서종〉에는 제안대모법制贗玳瑁法에 대한 기록이 있다. 이것은 가짜 대모를 만드는 법에 관한 설명인데 대모의 희귀성으로 말미암아 화각을 대체 사용했으며 이것이 화각 공예의 발생과 관련된다고 보는 견해도 있다.

오늘날 전해지는 화각 공예 작품은 조선시대 말기나 근대기에 만들어진 것이 대부분이며 18세기 이전으로 소급되는 예는 전무하다. 이것은 재질상의 취약점과도 관련이 있겠지만 소뿔이 군수품인 각궁角弓의 재료였던 까닭에 국가에서 그 수급을 통제했기 때문으로 추정된다. 따라서 조선시대 화각 공예품의 본격적인 제조는 각궁의 수요가 줄어든 17세기 임진왜란과 병자호란 이후부터 이루어졌던 것으로 보는 견해가 지배적이다.

화각 공예품의 종류는 수장용收藏用 가구, 침선용구針線用具, 문방용구文房用具, 기타 등으로 분류할 수 있는데, 이 가운데 규방용품인 수장용 가구와 침선용구가 대다수를 차지한다. 수장용 가구로는 함, 상자를 비롯하여 장, 농, 빗접, 좌경, 합 등이 있으며 이 가운데 가장 많은 것은 소형의 함과 상자류이다. 화각장과 농은 화각 장식을 한 유물 중에서 비교적 규모가 큰 가구이나 일반적인 장들보다는 작은 편이다.

궁중용 화각 공예품의 특징을 살펴보면 크기가 일반 화각 공예품보다 크며, 색채는 오색을 기본으로 하나 함의 경우, 분홍색과 갈색 등이 많이 사용되어 매우 화려하다. 반면 장은 명도나 채도가 낮은 색채를 사용하여 온화한 느낌을 준다. 무늬 시문 기법에서는 흑색으로 윤곽선을 긋고 그 안에 채색을 하는 전통적인 기법과 이를 따르지 않는 기법이 혼재하는 양상을 보인다. 중심 무늬는 대부분 용이나 봉황, 학과 같은 길상 동물이며, 대개 비사실적으로 표현하였다. 무늬의 배치도 몸체 하단에는 주로 연지수금連池獸禽 무늬가, 옆면과 앞면의 모서리에는 학과 소나무무늬 등의 꽃과 새무늬가 위치하는 등 규칙성을 띠는 것이 특징이다.

일반용 화각 공예품은 크게 두 가지로 구분되는데 첫째로는 이국적인 식물 표현이나 다양한 형태의 모란, 불 · 보살상 등의 무늬를 주로 다룬 장방형 계열이다. 그리고 둘째는 뚜껑 모죽임 부분에 대모를 붙이지 않고 작은 점무늬를 시문한 후 천판을 넷으로 분할하여 새와 꽃무늬를 대각선으로 배치하는 방식을 기본으로 하는 정방형 계열이다.

19세기 화각 공예의 무늬를 살펴보면, 일반 공예품에 가장 흔하게 쓰인

십장생무늬가 이용되는데, 용, 호랑이, 사슴, 봉황, 사군자, 꽃과 새 등이 주종을 이루고 있다. 무늬는 대개 재치 있고 익살스럽게 표현하는 경우가 많다. 두세개의 소재를 조합하여 한 폭의 그림처럼 구성하였고, 한 개의 기물에 여러 장면의 무늬가 들어가며 함이나 장롱과 같이 면을 분할한 경우에는 동일한 무늬를 반복해서 사용하기도 하였다.

화각은 제작 공정의 특성상 각지에 그림을 그린 다음 크기에 맞게 오려 붙이기 때문에 가장자리 부분은 잘려나가게 되어 연속되는 무늬의 경우에도 연결부위의 무늬를 그대로 살린 경우는 없다. 색채는 오방색을 기본으로 하여 흰색, 빨간색, 노란색, 초록색, 자색 등을 많이 사용하며 때로는 흑색과 금은박을 쓰기도 한다.

20세기에 들어서면 우골계선牛骨界線이 강조되어 고부조로 돌출되는 양상을 보이며 대모 장식의 사용이 증가한다. 특히 면 분할 방식에서 그 특징이 두드러지는데, 기존의 직사각형 혹은 정사각형의 구획 방식에서 벗어나 원형이나 마름모꼴로 재구획하는 등 다양한 변화를 시도하게 된다. 또한 이 시기에는 사용되는 색채의 수도 증가하고 선명해진다.

화각 공예는 1910년대 말까지 서울 교외 한강변인 양화진(지금의 마포구 서교동)을 중심으로 성행하였으나 1920년대 이후로 급속히 쇠퇴의 길로 접어들어, 1930년대 중반에 이 지역에서의 작업은 완전히 중단된 것으로 짐작된다. 이는 일제 주도 아래 1922년 이왕가미술품제작소를 통하여 새로운 화공 재료 등의 도입이 시도되는 등 변화로 말미암아 전통 기법의 저해 요소가 출현하였기 때문이다. 이 시기 이후 근대 전통 화각 공예의 명맥은 실질적으로 음일천陰一天 선생에 의하여 1970년대까지 이어졌다 해도 과언이 아니다. 그러나 그의 작품에서도 일본인들의 미감에 맞게 변형되고 왜곡된 양상이 보인다.

화각 공예품의 특징은 위에서 살펴본 바와 같이 사각형 각지의 연속 부착으로 인한 반복의 질서미와 소뼈를 계선으로 사용한 구획, 그리고 음양오행사상을 기반으로 한 오방색의 사용에서 찾을 수 있다. 이러한 특징은 우리나라 화각 공예품만이 지니는 독특한 의장이며, 독자성이라 할 수 있다. 비록 근대 시기 일제 주도 아래의 제작 환경 때문에 전통 기법의 발전이 저해되었다 하더라도 화각 공예는 전통 요소를 공예품에 적용하여 독창성을 이끌어낸 결과물이다. 아울러 화각 공예품은 조선시대 후기 규방용품의 화려한 일면을 보여주는 좋은 예라 할 수 있다.

현대에 이르러서는 기존에 전해지는 유품들의 재현이 이루어지면서 전통 화각 공예의 부흥을 꾀하는 움직임이 있으나 역시 체계적으로 진행되지 못하고, 이에 대한 연구도 미진하다는 점이 아쉽다.

식물무늬

植物紋

PLANT PATTERN

식물무늬

植物紋

Plant Pattern

식물은 일상생활에서 가장 쉽게 접할 수 있는 소재로, 각종 공예 분야에서 무늬로 사용하였다. 식물무늬는 단독으로 무늬를 구성하기도 하고 동물이나 인물, 기물 등과 함께 복합 무늬로 쓰기도 한다. 또한 자연산수무늬에서는 전체 무늬를 구성하는 하나의 요소로 쓰기도 한다. 한 가지 식물만으로 무늬를 이루기도 하지만 넝쿨과 같은 요소를 이용하여 여러 가지 식물을 하나의 군집 무늬로 나타내기도 한다.

나전칠기 분야에 나타나는 식물은 크게 모란, 국화, 연꽃, 매화, 사군자 등의 꽃 종류와 소나무, 대나무 등의 나무 종류, 그리고 과실 종류로 나누어볼 수 있다.

모란은 부귀를 상징하는 꽃으로 나전칠기 분야에서는 고려시대부터 무늬로 사용되었다. 원래 모란은 꽃이 크고 줄기가 굵어 나무 같은 모습이지만, 나전칠기에서는 넝쿨무늬와 결합하여 주로 모란넝쿨무늬로 표현된다. 가장 이른 예로는 13~14세기 고려시대의 경함에 사용된 것으로 측면형 모란꽃과 넝쿨을 연결하였다. 가운데 커다란 씨방을 중심으로 외반한 꽃잎 6~7개가 좌우로 붙어 있고, 잎은 끝이 세 갈래로 갈라진 형태이며 촘촘하게 넝쿨에 붙어 있다. 조선시대에는 모란의 씨방이 작아져서 꽃잎에 싸인 듯 보이고, 꽃잎은 고려시대와 마찬가지로 외반하나 끝부분이 구불구불한 곡선으로 표현되어 있어 부드러운 느낌을 준다. 시대가 내려갈수록 모란 꽃의 크기가 커지며 꽃잎은 간략하게 표현되다가 조선시대 후기에는 잎맥까지 표현하는 등 매우 사실적으로 묘사된다.

16세기에는 만개한 모란 꽃과 함께 꽃봉오리를 더해 모란넝쿨무늬를 구성하는 형식도 등장한다. 이 시기에는 모란넝쿨무늬의 단위가 커져 전체적으로 여유가 생기면서 여백에 원 모양의 나전을 오려 붙여 장식하는 방법이 나타난다. 모란넝쿨무늬의 넝쿨은 고려시대에는 금속선으로 만들다가 조선시대에 접어들면서 자개를 이어 붙이는 방식으로 변화한다.

17~18세기에는 고려시대 양식으로 회귀하는 복고 경향에 따라 금속선을 꼬아 넝쿨 줄기를 만들기도 했지만 대개는 자개선으로 표현하였다. 넝쿨무늬는 고려시대에는 일정한 방향성을 가지고 율동감 있게 시문하다가 후대로 갈수록 자유롭게 시문하는 경향을 보인다. 이는 전체적인 나전칠기 무늬의 흐름과 일치하는 것으로 무늬의 단위가 커지고 대담해지는 추세에 따른 것이다.

한편 고려시대에는 모란넝쿨무늬를 중심 무늬로 쓰고 기하무늬로 구성된 보조 무늬를 배치하는 것이 주를 이루는 반면에, 조선시대에는 모란넝쿨무늬만으로 중심 무늬와 보조 무늬 모두를 구성하는 경우가 많다. 012 화살통이 그 대표적인 예이다. 모란넝쿨무늬는 꽃잎이 크고 잎의 끝이 갈라진 모양 때문인지 주름질로만 표현되는데, 15~16세기에는 꽃과 잎을 기물에 붙일 때 균열을 만드는 타찰법을 써서 장식성을 높이고 있다.

국화무늬는 모란무늬와 더불어 나전칠기 분야에서 가장 오래전부터 사용하였던 식물무늬이다. 국화는 매화, 난초, 대나무와 함께 사군자를 구성하는 하나의 요소이지만 사군자의 개념이 성립하기 전부터 여러 가지 형태의 무늬로 사용해왔다. 국화는 동양의 관상식물 가운데 가장 유래가 깊은 것으로, 원래 불로장생의 약으로 여겨졌으며, 한편으로는 군자의 덕을 의미하기도 하여 다양하게 무늬로 사용하였던 것 같다. 나전칠기의 국화무늬 역시 모란무늬와 마찬가지로 넝쿨과 결합한 형태가 가장 많다. 국화 꽃은 물방울 모양의 자개 6~8개를 오려 붙여 만드는데, 때에 따라 홑겹이나 겹으로 표현한다. 국화 꽃은 모두 정면형으로, 014 경함의 옆면에 보이는 국화무늬처럼 국화의 측면 모습을 표현할 때에도 꽃은 정면형으로 나타낸다. 이러한 현상은 국화 꽃을 측면형으로 보여주는 것이 쉽지 않고, 측면형으로 도안했을 경우 그 특징을 살리기가 어려웠던 탓으로 짐작된다. 조선시대 중기 이후에는 국화 꽃의 꽃잎이 10개 이상으로 많아져 수많은 꽃잎으로 이루어진 국화를 좀 더 사실적으로 도안하였다.

고려시대와 조선시대 초기의 국화 잎은 초생달 형태로 단순하고 줄기에 촘촘하게 붙어 있는 반면 조선시대 중기의 국화 잎은 C자 모양으로 구부러지거나 끝이 여러 갈래로 갈라지도록 표현하였다. 국화의 줄기 부분은 고려시대에는 금속선으로 일정한 방향성과 율동감 있게 표현하다가 조선시대에는 자개선으로 대체하고 자유롭게 묘사하였다. 이는 모란넝쿨무늬의 줄기와 동일한 변화 과정으로 나전칠기의 전반적인 무늬 구성과 유행이 변화한 것에 그 원인이 있다.

고려시대와 조선시대 초기에는 국화무늬가 중심

무늬로서 기면의 대부분을 차지하는 데 비해 중기 이후에는 사군자의 일부로 표현되면서 여러 가지 무늬와 함께 복합 무늬를 이루는 경우가 많아진다. 국화넝쿨무늬 역시 조선시대 중기 이후에는 단독으로 표현하는 예가 거의 없고, 국화와 모란을 함께 표현하여 국화넝쿨무늬를 이루는 등 다른 꽃과 함께 조화를 이루어 넝쿨무늬를 구성하였다.

국화무늬는 다른 식물무늬와 구별되는 특이한 점이 있는데, 식물무늬임에도 기하학적인 무늬로 해석하여 사용한다는 것이다. 이러한 국화무늬는 직선으로 구획하고 그 안에 끊음질로 씨를 박아 꽃을 단순한 기하 형태로 만든다. 이는 001 경전함의 모서리 부분의 보조 무늬에서 확인할 수 있는데, 직선으로 꽃잎을 만들고 가운데 동그란 자개로 씨방을 대신하였다. 동그란 씨방을 중심으로 위아래 줄 모두 국화 꽃이 나열되어 있는데, 가운데 부분의 꽃잎이 겹치면서도 각각 다른 꽃의 일부를 구성하고 있다는 점이 특이하다. 이러한 형태의 기하학적인 국화무늬는 여러 가지 형태로 응용이 가능하여 현대 나전칠 공예에서도 많이 사용되고 있다. 기하학적인 국화무늬는 현대 작품에서 보조 무늬뿐 아니라 기면 전체를 덮는 중심 무늬로도 사용하고 있다.

연꽃무늬는 우리나라에서 불교의 전래를 기점으로 유행하기 시작하였고, 이후 각종 공예와 건축물 등의 장식 요소로 쓰였다. 나전칠기에도 연꽃무늬가 많이 보이지만, 다른 공예품에서처럼 단독 무늬로 쓰이기보다는 다른 소재들과 함께 하나의 복합 무늬를 이루는 경우가 많다.

넝쿨과 결합하여 연꽃넝쿨무늬로 쓰이는 예도 적은 편이다. 나전칠기의 연꽃무늬는 018 일주반과 같이 연잎, 연밥과 함께 사실적으로 표현하거나 017 함지와 같이 꽃만 분리하여 묘사하는 것이 일반적이다.

연꽃은 앞면과 옆면 모두 무늬로 도안하기에 적당한 모습이므로 여러 가지 모양으로 표현하였다. 정면형의 경우 구멍이 뚫린 씨방을 중심으로 넓적한 겹꽃잎을 두른다. 측면형은 씨방을 표현하지 않고 봉긋하게 부풀어 올라 끝이 뾰족하게 마무리되는 꽃잎을 여러 겹으로 묘사한다. 꽃의 특성상 꽃이 핀 정도에 따라 다양한 표현이 가능하다. 꽃과 함께 연잎의 표현도 다채로운 변형이 가능한데, 대개 큰 잎을 우산처럼 펼친 모습이나 수면에 둥근 접시처럼 떠 있는 모습으로 묘사된다. 연꽃무늬는 일반적으로 연꽃과 연잎을 모두 주름질로 자개를 오려 붙이고 씨방이나 잎맥 등은 모조법毛彫法으로 선각하였다. 줄기를 표현할 경우에는 봉 상사를 끊어 시문하였으며 줄기의 털을 표현하여 사실성을 높이기도 하였다.

연꽃무늬는 물에서 서식한다는 생태적인 특성 때문에 주로 물가풍경무늬를 구성하는 한 요소로 물고기, 거북이 등과 함께 배치하였는데, 조선시대 후기 십장생무늬가 크게 유행하면서 십장생의 하나인 거북과 짝을 지어 연거북무늬라는 복합 무늬로도 많이 표현하였다.

매화는 사군자의 하나로 엄동설한을 견디고 이른 봄에 화사하게 꽃을 피우는 특성 때문에 군자의 덕목 중 하나인 절개의 상징으로 인식하였다. 매화무늬는 사군자무늬의 일부로 나타내기도 하지만 매화만을 따로 분리하고 다른 소재와 결합시켜 복합 무늬를 구성하기도 한다. 그 대표적인 예가 매화와 새무늬梅鳥紋이다. 매조무늬는 18세기 꽃과 새무늬花鳥紋의 유행과 맥을 같이 하는 것으로 주로 화조의 주제가 되는 꽃을 매화로 표현한 것이다. 일반적인 매조무늬의 구성은 길게 뻗은 가지에 5개의 꽃잎으로 된 매화꽃과 꽃봉오리가 달려 있고, 그 옆에 새가 있는 형식이다. 이때 새는 가지 위에 앉아 있기도 하고 매화 주변을 날기도 한다. 매조무늬와 함께 매화의 복합 무늬로 꼽히는 것이 매화와 달무늬梅月紋이다. 매월무늬는 주로 매화 꽃이 핀 가지 끝에 둥근 보름달이 걸려 있는 구성으로 한 폭의 그림과 같이 표현하였다. 그리고 때로는 매화, 새, 달의 세 가지 요소를 한 면에 배치하기도 하였다. 매화를 포함하는 복합 무늬의 또 다른 종류로는 매화와 대나무무늬梅竹紋가 있다. 매죽무늬는 둥근 매화 꽃과 여러 방향으로 자유롭게 뻗은 매화 가지를 직선의 대나무와 함께 배치하여 대조를 이루도록 하였다. 대개 매화무늬의 꽃은 주름질로 꽃잎 모양대로 자개를 오려 붙이고, 줄기는 끊음질로 표현한다.

사군자四君子는 매화·난초·국화·대나무의 네 가지 요소로 구성한다. 엄동설한에도 굽히지 않고 이른 봄 화사하게 꽃을 피우는 매화, 척박한 환경인 바위틈이나 가시덤불 속에서 꽃을 피우는 난초, 만물이 말라 들어가는 가을날 홀연히 꽃을 피우는 국화, 사계절 푸른 빛을 띠며 서 있는 대나무 모두 군자의 기상과 선비의 기개와 닮았

다 하여 사군자四君子라 부른다. 개념상으로는 네 가지 식물이 하나의 세트를 이루고 있지만 나전칠기의 무늬로 사용할 때에는 한두 가지가 빠져 있거나 다른 식물무늬로 대체된 경우가 많다. 이러한 경향은 조선시대 후기에 두드러지게 나타난다. 주로 네 가지 중의 한 가지를 모란무늬로 변용하는 경우가 많으나 이 역시 정해진 것은 아니고 종류를 알 수 없는 꽃이나 식물을 도안하여 넣기도 한다. 사군자무늬가 유행할 무렵에는 무늬의 사실적인 표현이 어느 정도 이루어진 시기이기 때문에 사군자무늬에도 세부를 선각하는 등 사실성을 더하기 위한 노력이 엿보인다.

대나무와 더불어 겨울에도 푸른 잎을 유지하는 나무로는 소나무가 있다. 선비의 기개와 청렴결백을 상징하였기 때문에 공예 분야에서 무늬로 많이 사용하였다. 나전 공예에도 17세기경부터 소나무무늬가 나타난다. 나전 공예의 소나무무늬는 사군자 등의 다른 식물무늬처럼 복합 무늬로 표현하였는데, 소나무와 대나무를 짝지어 소나무와 대나무무늬松竹紋라고 부른다. 송죽무늬의 소나무무늬는 두 그루가 교차하여 X자 모양을 이루는데, 이는 17~18세기경에 화원의 밑그림을 범본으로 하여 경공장들에게 널리 유행했던 무늬 형식으로 생각되며, 이를 되풀이하는 과정에서 형식화된 것으로 여겨진다. 소나무무늬의 종류에는 송죽무늬 외에도 호랑이와 함께 묘사한 소나무와 호랑이무늬松虎紋가 있으며, 이는 베갯모 등에 주로 사용되었다. 소나무무늬는 그 도안과 표현 방식의 차이를 통해서 조선시대 후기 나전칠 공예품의 수요 계층의 성격을 살펴

볼 수 있는 무늬이다. 이 시기의 수요 계층은 크게 기존 수요층과 서민 취향의 신규 수요층으로 나뉘는데 두 계층의 차이는 소나무 잎을 표현하는 방식으로 가늠해볼 수 있다. 소나무 잎을 표현하는 방법에는 두 가지가 있는데, 첫째, 025 상자와 같이 소나무 잎을 원형의 자개로 만들고 끝을 잘게 오려 침엽수 느낌을 준 것과 026 빗접처럼 잎을 한덩이 구름처럼 두루뭉술하게 하고 그 안에 선각으로 잎을 새겨 넣은 것이 있다. 무늬를 표현하는 기법을 보면 잎을 잘게 오려내는 전자에 비해 큰 자개를 붙이고 선각하는 후자는 비교적 쉬운 편이다. 주름질을 이용하여 소나무무늬를 표현한 026 빗접은 거멀잡이나 자물쇠바탕 등의 장식이 여러 개 달린 것으로 보아 조선시대 후기에 크게 유행했던 서민적인 취향이 반영된 빗접임을 알 수 있다. 따라서 025 상자는 나전칠기의 기존 수요층인 상류층을 위한 것이며 026 빗접은 18세기 확대된 새로운 수요층을 위한 것이다.

나전칠기에 보이는 과실무늬의 종류로는 포도, 석류, 복숭아, 불수감 등이 있다. 이 과실들은 모두 장수와 다산을 상징하는 것들로 기복적인 상징성 때문에 무늬로서 활용도가 높았다. 이 무늬들은 17세기부터 출현하기 시작하여 18세기의 나전칠기 수요층의 확대로 인해 길상무늬의 일종으로 크게 유행하게 된다.

포도는 넝쿨무늬와 결합하여 포도넝쿨무늬로서 기물의 전체 면을 차지하는 중심 무늬로 사용하였다. 포도무늬가 등장하기 시작하는 초기에는 벌 등과 함께 시문되다가 나중에는 다람쥐무늬와 함께 구성되었다. 초기에는 사실적인 묘사와 함께 표현의 강약이 있어 한 폭의 그림과 같은 느낌을 주는 반면 19세기 이후의 것은 포도넝쿨을 단순화, 도안화한 형식으로 표현되며 주름질로 오린 자개의 형태도 투박한 편이다.

포도를 제외한 복숭아, 석류, 불수감 등은 주로 보조 무늬로 사용하였던 소재들이다. 주로 수壽·복福자 등의 문자무늬와 함께 배치하였는데, 일반적으로 기물 옆면의 좁은 부분에 띠를 형성하듯이 시문하였다. 각 과실의 특징을 잘 선별하여 표현했기 때문에 간략하게 묘사하였지만 과실의 종류는 쉽게 알 수 있다.

과실무늬들 중에 다른 무늬와 결합하여 하나의 복합 무늬 구성을 이루는 것으로 복숭아가 있다. 복숭아는 학과 조합하여 복숭아와 학무늬桃鶴紋로 사용하였다. 도학무늬는 날개를 펴고 날고 있는 학 두 마리를 중심으로 복숭아 열매가 달린 가지를 배치하는 구성이 기본이다. 과실무늬는 모두 주름질을 기본으로 하고 있으며 가지와 함께 묘사할 때는 가지 부분만 끊음질로 표현한다.

화각 공예는 현존하는 예를 통해 볼 때 임진왜란과 병자호란 이후 17~18세기에 만들기 시작하여 조선시대 후기에 크게 유행한 것으로 추정된다. 그 이전에도 복채 기법 등 화각 공예의 기원으로 볼 수 있는 사례가 많이 있으나 현재 남아 있는 유물이나 제작 기법 등을 고려할 때 조선시대 후기에 출현한 것으로 보는 편이 타당할 것이다.

화각 공예는 조선시대 후기 공예 전반에 영향을 주

었던 길상무늬와 밀접한 관련이 있다. 그 출현과 유행 시기가 길상무늬와 같으며 화각에 시문한 무늬도 주로 길상무늬이다. 화각은 소뿔로 만든 각지角紙의 뒷면에 그림을 그려 붙이는 기법이기 때문에 큰 무늬를 구성하는 것이 불가능하다. 따라서 무늬 단위가 작고 회화적인 특징을 가진다. 길상무늬 중에서 특히 애용되었던 것은 십장생인데, 십장생 중에 두세 개의 소재를 짝지어 한 장면처럼 구성하는 것이 특징이다. 화각 공예에서 식물무늬는 십장생과 길상무늬 등의 보조 무늬로 많이 사용되었으며, 소나무 또는 꽃무늬가 주종을 이룬다.

꽃무늬는 장롱이나 함의 가장자리의 좁은 부분을 채우는 데 주로 사용하였으며, 바느질자와 같이 작은 소품에도 많이 보인다. 보조 무늬로 쓰이는 꽃은 주로 모란과 연꽃이며, 종류를 알 수 없는 꽃도 사용했다. 노란색이나 빨간색 바탕에 검은색으로 테두리를 그리고 안에 갈색, 초록색, 흰색으로 색깔을 채웠다. 화각의 제작 공정상 그림을 그려서 표현하므로 회화적인 느낌이 강하다.

001 모란넝쿨무늬

나전모란당초문경전함 螺鈿牡丹唐草紋經典函
고려 13~14세기, 일본 기타무라미술관, 높이 22.8cm 너비 41.8cm 길이 20.4cm

Peony and Vine Pattern
Lacquered Sutra Chest Inlaid with Mother-of-Pearl
Goryeo dynasty, 13th~14th century, Kitamura Art Museum, Japan

경전함 표면에 모란넝쿨무늬를 중심으로 귀갑무늬 등의 기하무늬를 빽빽이 시문하였다. 각 면에서 중심 무늬가 되는 모란넝쿨은 C자 모양의 금속선으로 표현하고, 그 끝에 측면형 모란 꽃을 배치하였다. 모란 꽃잎과 잎의 끝은 여러 갈래로 갈라져 있는데 이러한 특징은 다른 경 전함에 장식된 모란무늬에서는 볼 수 없다. 또한 대부분이 꽃무늬로만 장식된 다른 함과 비교 해볼 때, 이 함은 모서리와 하단부에 끊음질 기법으로 된 기하무늬를 넣은 점이 특이하다. 구 슬띠무늬에서도 구슬 안에 나선형 소용돌이무늬를 음각하여 그 정교함을 더하였다.

002 모란넝쿨무늬

나전모란당초문상자 螺鈿牡丹唐草紋箱子
조선 16~17세기, 일본 도쿄국립박물관, 높이 4.4cm 너비 26.4cm 길이 18.4cm

Peony and Vine Pattern
Lacquered Box Inlaid with Mother-of-Pearl
Joseon dynasty, 16th~17th century, Tokyo National Museum, Japan

상자의 모든 면에 모란넝쿨무늬를 장식하였는데 넝쿨 부분은 끊음질로, 나머지 꽃과 잎 등은 주름질로 표현하였다. 16~17세기에 나타나기 시작하는 측면형 모란꽃을 윗면의 중심 무늬로 썼고 옆 네 면은 꽃봉오리가 달린 넝쿨무늬로 장식하였다. 잎은 15~16세기에 유행했던 타찰법을 이용하였고 윗면의 모서리에는 자개를 잘게 부수어 붙이는 할패법을 이용하는 등 다양한 나전 기법을 하용하였다. 넝쿨무늬 사이 여백에 드문드문 원을 배치하는 것은 당시 나전칠기 작품에 많이 보이는 표현이다.

003 모란넝쿨무늬

나전모란당초문상자 螺鈿牡丹唐草紋箱子
조선 16~17세기, 일암관, 높이 9.0cm 너비 39.5cm 길이 27.0cm

Peony and Vine Pattern
Lacquered Box Inlaid with Mother-of-Pearl
Joseon dynasty, 16th~17th century, Iramgwan Collection

전체 면에 모란넝쿨무늬를 장식한 직사각형 상자이다. 씨방이 세밀하게 표현된 모란 꽃을 중심으로 넝쿨무늬를 전개하였는데 잎을 꽃과 거의 같은 크기로 표현하였다. 큰 잎과 꽃이 있는 부분을 제외한 나머지 줄기에는 아주 작은 잎이 촘촘하게 붙어 있고 여백에는 16세기부터 나타나는 원형 나전 장식이 배치되어 전체적으로 꽉 찬 느낌을 준다. 넝쿨의 방향이 불규칙하며 꽃잎이나 잎의 윤곽은 굴곡이 심한 것이 특징이다.

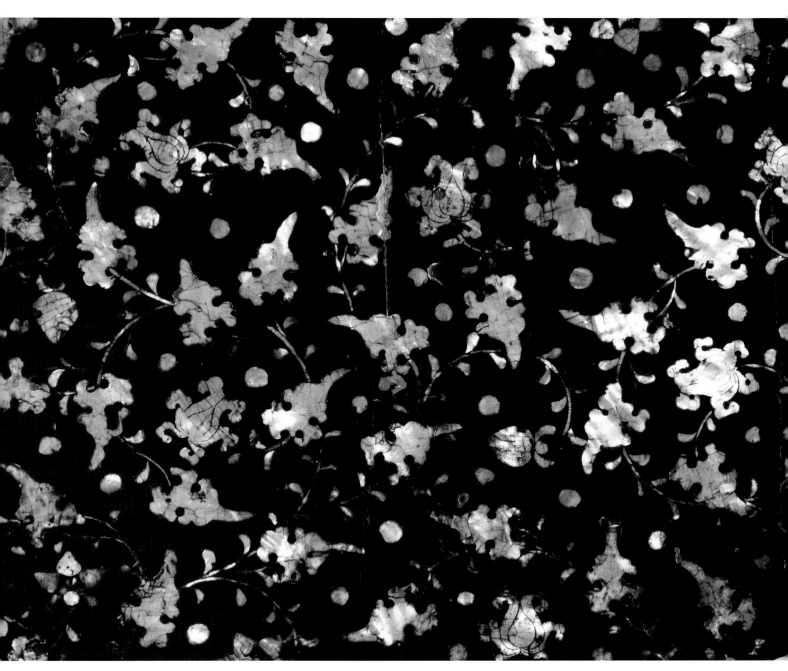

004 모란넝쿨무늬

나전모란당초문상자 螺鈿牡丹唐草紋箱子

조선 16~17세기, 일암관, 높이 10.5cm 너비 39.0cm 길이 31.0cm

Peony and Vine Pattern

Lacquered Box Inlaid with Mother-of-Pearl

Joseon dynasty, 16th~17th century, Iramgwan Colleciton

뚜껑 있는 직사각형 상자이며, 전체 면에 모란넝쿨무늬를 장식하였다. 모란 꽃은 활짝 핀 측면형과 꽃봉오리로 나뉘고, 꽃봉오리는 다시 끝이 뾰족한 것과 양쪽으로 갈라진 것 두 가지로 구분된다. 윗면에는 꽃과 꽃봉오리가 짝을 이루어 좌우 같은 위치에 각각 배치되었다. 상자 옆면에도 윗면과 동일한 모란넝쿨무늬가 장식되어 있는데, 뚜껑과 몸체의 도안은 연결된다. 여백에는 002, 003 상자와 같이 원형 나전 조각을 장식하였다.

005 모란과 새무늬

나전모란당초조문상자 螺鈿牡丹唐草鳥紋箱子

조선 16~17세기, 일본 민예관, 높이 12.0cm 너비 29.3cm 길이 18.7cm

Peony and Bird Pattern

Lacquered Box Inlaid with Mother-of-Pearl

Joseon dynasty, 16th~17th century, The Japan Folk Crafts Museum, Japan

윗면 3분의 1 부분에 경첩을 달아 뚜껑을 여닫도록 만든 상자로 각 모서리에는 여러 개의 거멀잡이를 부착하였다. 상자의 전체 면을 모란넝쿨무늬로 장식하였으며 윗면에만 새 두 마리를 넣었다. 간결하게 꽃잎만으로 표현한 측면형 모란꽃을 중심으로 넝쿨 줄기를 연결하였고, 잎은 일반적인 형태와 스페이드 모양을 섞어서 표현하였다. 상자 윗면과 옆면의 무늬는 서로 이어지지 않으나 옆 네 면은 모두 이어진다. 꽃과 잎, 그리고 새는 주름질로, 줄기는 끊음질로 표현하였다.

006 모란넝쿨무늬

나전모란당초문상자 螺鈿牡丹唐草紋箱子

조선 17~18세기, 국립중앙박물관, 높이 19.4cm 너비 32.1cm 길이 20.9cm

Peony and Vine Pattern

Lacquered Box Inlaid with Mother-of-Pearl and Turtle Shell

Joseon dynasty, 17th~18th century, The National Museum of Korea

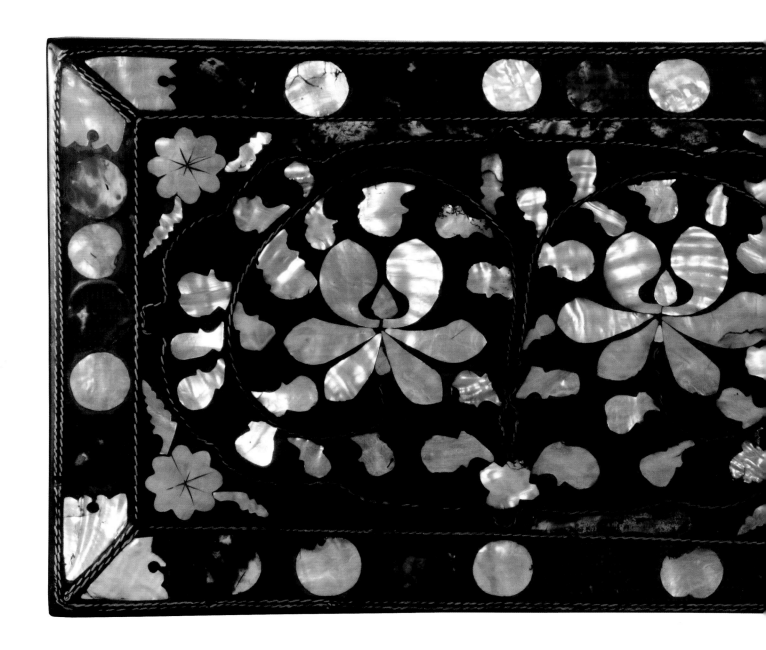

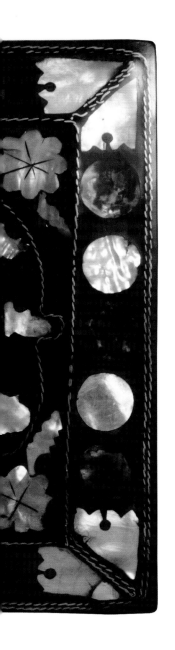

뚜껑이 낮고 상대적으로 몸체가 높으며, 윗면의 가운데 부분이 볼록한 상자로, 형태가 고려
시대 나전경함과 유사하다. 자개, 대모, 금속선 등의 재료를 다양하게 사용하였고 꼰 금속선
으로 면을 분할하였다. 상자의 가장자리 부분은 자개와 대모를 동그랗게 잘라 내어 장식하였
고 각 면마다 모란 주위로 금속선을 둘러 모란넝쿨무늬를 구성하였다. 뚜껑의 옆면에는 국화
꽃을 시문하고, 몸체의 아랫부분은 타찰법으로 균열이 가도록 만든 마름꽃 모양 기하무늬로
장식하였다. 국화와 모란꽃은 크기가 큰 데 비해서 잎은 작게 표현하였다. 전체적으로 큰 자
개를 사용하여 꽉 찬 느낌을 준다. 상자의 형태와 금속선을 사용한 기법, 무늬의 구성 등은 고
려시대 나전의 복고 경향을 반영하고 있으나 모란무늬의 크기와 모양 등의 대담함에서 조선
시대 중기의 특징을 찾아볼 수 있다.

007 모란넝쿨무늬

나전모란당초문상자 螺鈿牡丹唐草紋箱子

조선 17~18세기, 국립중앙박물관, 높이 18.7cm 너비 83.5cm 길이 52.0cm

Peony and Vine Pattern

Lacquered Box Inlaid with Mother-of-Pearl and Turtle Shell

Joseon dynasty, 17th~18th century, The National Museum of Korea

뚜껑이 깊은 상자로 006 상자와 같이 조선시대 중기에 유행했던 고려시대 나전칠기의 복고
양식을 보여준다. 자개와 대모를 섞어 시문하였고 상자의 모서리나 구획 분할, 넝쿨 줄기 등
에는 꼰 금속선을 사용하였다. 이 상자는 모란넝쿨무늬를 비롯한 다양한 무늬들로 표면을 장
식하였다. 가운데 모란넝쿨무늬를 중심으로 주위에는 간략화한 국화무늬와 원무늬, 기하무늬
등을 배치하였다. 이는 006 상자와 유사한 무늬 구성인데 006 상자보다 모란무늬를 작게 하고
넝쿨 줄기를 확대하여 좀 더 세밀한 느낌이다. 상자 윗면의 네 모서리에 보배무늬를 추가하여
조선시대의 특징이 드러나고 있다.

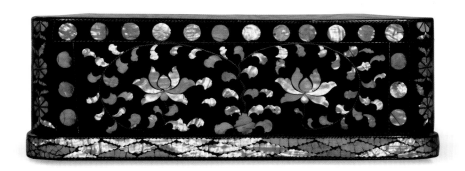

008 모란넝쿨무늬

나전모란당초문상자 螺鈿牡丹唐草紋箱子
조선 17~18세기, 국립중앙박물관, 높이 9.8cm 너비 31.3cm 길이 31.3cm

Peony and Vine Pattern
Lacquered Box Inlaid with Mother-of-Pearl
Joseon dynasty, 17th~18th century, The National Museum of Korea

뚜껑이 몸체를 완전히 덮는 형태의 상자로 모서리에는 상어 가죽을 대고 거멀잡이로 고정시켰다. 윗면은 국화와 모란넝쿨무늬로 장식하였는데, 꽃의 표현 방식이 다양하다. 옆의 각 면에는 매화·난초·대나무·소나무를 시문하였다. 잎은 스페이드 모양의 큰 잎과 끝이 둥근 작은 잎으로 구별되는데 여백을 감안하여 적절히 섞어 배치하였다. 윗면의 무늬 가운데 국화는 모두 세 송이로, 꽃잎 끝이 뾰족한 겹꽃으로 표현하였는데 꽃잎의 수는 일정하지 않다. 넝쿨무늬의 줄기는 끊음질로, 꽃은 주름질로 표현하였는데 모두 타찰법을 쓴 듯 균열이 보인다.

009 모란넝쿨무늬

나전화당초문상자 螺鈿花唐草紋箱子

조선 18세기, 일본 야마토문화관, 높이 10.5cm 너비 29.1cm 길이 29.1cm

Peony and Vine Pattern

Lacquered Box Inlaid with Mother-of-Pearl

Joseon dynasty, 18th century, The Museum Yamato Bunkakan, Japan

뚜껑이 몸체를 완전히 덮는 형태의 상자이다. 모란과 국화 · 보상화를 한 줄로 나열하여 넝쿨 줄기에 연결하고, 잎은 초승달 모양으로 회전하는 듯한 느낌을 주도록 붙였다. 넝쿨 줄기가 갈라지는 부분에는 V자 모양의 연결점을 만들었다. 꽃은 매우 간략화되었지만 꽃잎 내부의 잎맥 등 세부까지 자세하게 표현하였다. 꽃과 잎은 주름질로, 줄기는 비교적 굵은 봉 상사를 이용한 끊음질로 표현하였는데 전체적으로 타찰법을 사용하여 성근 균열이 보인다.

010 모란넝쿨무늬

나전모란당초문상자 螺鈿牡丹唐草紋箱子
조선 18세기, 경북대학교박물관, 높이 11.3cm 너비 44.0cm 길이 34.0cm

Peony and Vine Pattern
Lacquered Box Inlaid with Mother-of-Pearl
Joseon dynasty, 18th century, Kyungbook University Museum

뒷면에 장석을 달아 여닫도록 고안한 상자이다. 모서리에는 일一자형 거멀잡이를 부착하고 앞면에는 큼지막한 고리바탕을 달았다. 상자의 전면에 일정한 패턴으로 전개되는 모란넝쿨무늬를 장식하였다. 모란 꽃을 중심으로 주변에 C자 모양 줄기가 감싸듯 돌아가며 줄기에는 '3'자 모양 잎이 촘촘하게 붙어 있다. 전체에 동일한 모란넝쿨무늬를 시문하였는데, 윗면과 옆면은 분리되고 옆 네 면은 모두 이어진다. 자개의 크기가 커진 탓인지 모든 꽃과 잎에 균열이 보인다.

011 모란넝쿨무늬

나전모란당초문반 螺鈿牡丹唐草紋盤
조선 18~19세기, 일암관, 높이 3.0cm 너비 31.0cm 길이 31.0cm

Peony and Vine Pattern
Lacquered Tray Inlaid with Mother-of-Pearl
Joseon dynasty, 18th~19th century, Iramgwan Collection

가장자리가 바깥쪽으로 비스듬히 올라오는 얕은 반盤이며, 모란넝쿨무늬로 장식하였다. 반 안쪽의 모란무늬는 꽃과 잎의 크기 및 형태에서 이전 시대와는 다른 회화적 경향이 엿보이며, 잎맥과 꽃잎의 맥을 선각하여 사실적인 느낌을 더하였다. 반의 안쪽은 모란 꽃을 강조하였으나 가장자리 부분은 넝쿨만 시문하였다. 무늬의 회화적·사실적인 표현, 세부 선각 등은 조선시대 후기의 특징으로 볼 수 있으나, 중기에 유행하였던 여백의 원 장식 등이 아직 남아 있는 것으로 보아 중기에서 후기로 넘어가는 과도기의 것으로 보인다.

012 모란넝쿨무늬

나전모란당초문화살통 螺鈿牡丹唐草紋矢筒
조선 19세기, 국립민속박물관, 길이 98.3cm 지름 8.0cm

Peony and Vine Pattern
Lacquered Quiver Inlaid with Mother-of-Pearl
Joseon dynasty, 19th century, The National Folk Museum of Korea

변질이 심하지 않은 오동나무 각재를 여러 개 붙여 형태를 만든 후 속을 파내고 겉을 둥글게 손질한 화살통이다. 뚜껑은 주석을 두드려 볼록하게 만들고 고리형 경첩으로 연결하였다. 바닥은 일─자로 처리하고 몸통 중간에는 운반하기 쉽도록 들쇠를 달았다. 화살통의 전체 면을 촘촘한 모란넝쿨무늬로 장식하여 전체적으로 매우 화려하다. 자개는 화살통의 둥근 표면에 잘 부착되도록 매우 얇게 갈아 붙였으며, 모란의 꽃과 잎, 줄기 모두 주름질로 표현하였다. 모란 꽃은 큰 자개를 붙인 후 선각으로 잎맥과 씨방을 표현하였으며 넝쿨 줄기와 잎에도 선각을 넣었다. 전체적으로 꽃과 잎, 줄기가 명확하게 구분되지 않는 도안이다.

013 모란무늬

화각용화문침척 華角龍花紋針尺
20세기 초, 국립중앙박물관, 너비 1.5cm 길이 58.0cm

Peony Pattern
Korean Foot Adhered with painted Ox-horn Sheet
Early in the 20th century, The National Museum of Korea

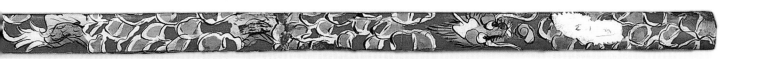

화각은 주로 자, 실패, 빗, 경대, 반진고리, 패물함 등과 같은 여성들이 쓰는 물건에 이용되었는데, 이 경우는 옷감 등을 재단하는 데 쓰였던 바느질자를 화각으로 장식한 예이다. 표면에는 빨간색과 흰색으로 눈금을 표시하였는데 앞뒤 모두 5개의 눈금이 그려져 있다. 한 눈금[寸]의 길이는 대략 6cm이다. 용무늬와 모란무늬로 장식하였고 눈금 하나마다 모란 꽃, 연꽃을 한 송이씩 그렸다. 모란은 큼직하고 활짝 핀 형태로 묘사하였고 빨간 꽃잎마다 흰색 테두리를 둘렀다.

국화무늬

나전국화문경전함 螺鈿菊花紋經典函
고려 12세기, 일본 도쿄국립박물관, 높이 26.0cm 너비 37.8cm 길이 19.2cm

Chrysanthemum Pattern
Lacquered Sutra Chest Inlaid with Mother-of-Pearl
Goryeo dynasty, 12th century, Tokyo National Museum, Japan

직사각형 경함으로 뒤쪽에 경첩을 달아 여닫도록 하고 앞에는 둥근 고리바탕을, 양옆에는 들
쇠를 달았다. 뚜껑은 고려시대 경함의 특징인 모죽임을 하였다. 뚜껑 윗면의 사각형 구획 안
에는 '大方廣佛華嚴經(대방광불화엄경)'이라는 명문이 있어 이 함의 용도를 알 수 있다. 꽃잎이 8개
인 국화무늬를 상자 모든 면에 장식하였는데 꽃 한 송이가 하나의 마름꽃 모양 무늬를 형성하
도록 도안하였다. 상자의 윗면에 있는 꽃은 줄기 없이 꽃과 잎만으로 표현하였고 옆면에는 금
속선으로 된 줄기를 박아 넣었다. 금속선으로 구획을 나누고 국화무늬를 중심으로 무늬를 시
문하였으며 가장자리 부분에는 넝쿨무늬와 ○, × 모양으로 연결된 기하무늬 띠를 장식하였다.
모든 무늬는 자개를 직접 오려 붙이는 주름질 기법으로 표현하였다.

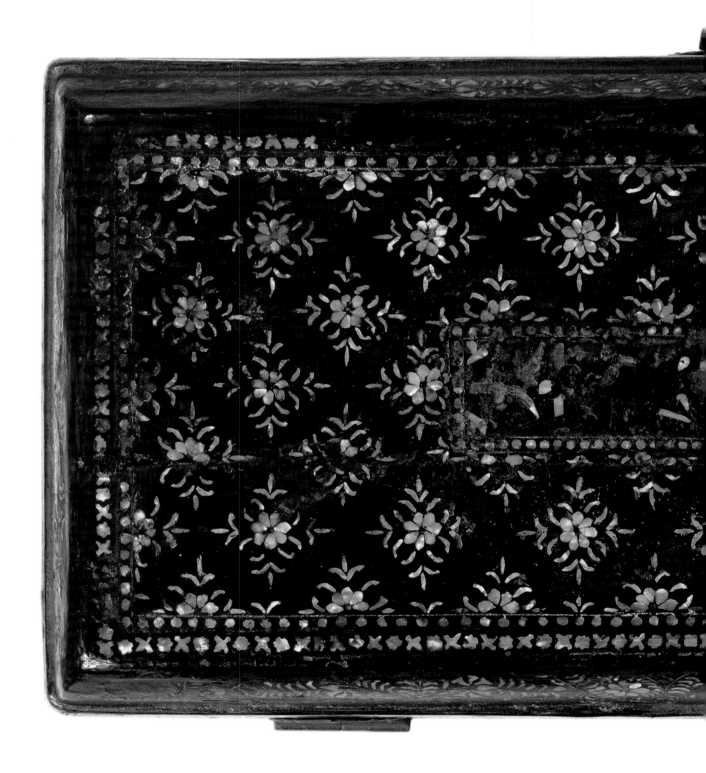

015 국화넝쿨무늬

나전국당초문원형합 螺鈿菊唐草紋圓形盒

14~15세기, 일본 도쿄국립박물관, 높이 6.1cm 지름 24.5cm

Chrysanthemum and Vine Pattern

Lacquered Lidded Box Inlaid with Mother-of-Pearl

14th~15th century, Tokyo National Museum, Japan

뚜껑과 몸체가 분리되도록 만든 원형 합으로 바깥에는 흑칠을, 안쪽에는 주칠을 하였다. 합의 전체 면에 국화넝쿨무늬를 시문하였는데, 12세기의 경함에서 볼 수 있었던 국화와 동일하게 꽃잎은 8장이지만 홑꽃이 아니고 3중의 겹꽃이라는 점이 다르다. 넝쿨도 금속선을 사용하는 대신 두 줄의 자개를 끊음질로 표현하여 새로운 유행이 시작되었음을 보여준다. 그러나 뚜껑 가장자리에 금속선을 박아 넣은 것에서 이전 시대의 여운이 남아 있음을 짐작할 수 있다. 뚜껑의 가장자리는 거치鋸齒 모양의 기하무늬로 마무리하였다. 전체적으로 고려시대 나전의 국화넝쿨무늬가 보여주는 통일감을 유지하면서도 새로운 유행을 반영한 작품으로 고려 말 조선 초의 과도기적 성격을 보여주고 있다.

016 국화와 모란넝쿨무늬

나전국모란당초문상자 螺鈿菊牡丹唐草紋箱子
조선 16~17세기, 일암관, 높이 7.5cm 너비 35.0cm 길이 25.0cm

Chrysanthemum, Peony and Vine Pattern
Lacquered Box Inlaid with Mother-of-Pearl
Joseon dynasty, 16th~17th century, Iramgwan Collection

뚜껑과 몸체가 분리되는 상자이며, 전면에 빽빽하게 국화와 모란넝쿨무늬를 시문하였다. 대개 모란과 국화가 하나의 유물에 나타날 때는 중심 무늬와 보조 무늬로 구분되는데, 이 경우에는 모란과 국화의 비중이 같다. 모란은 비교적 간략화한 형태이나 국화는 촘촘한 꽃잎을 홑겹으로 하고 가운데 씨방 부분에 기하무늬를 첨가하는 등 세심하게 표현하였다. 뚜껑의 가장자리에는 번개무늬를 시문하였으며 구획선과 넝쿨 줄기는 꼰 금속선으로 나타냈다. 줄기에 달린 꽃잎은 크기가 매우 작고 꽃을 휘돌아 감는 듯이 배치하였으며, 16세기에 나타나기 시작하는 원 모양의 나전 장식으로 여백을 채웠다.

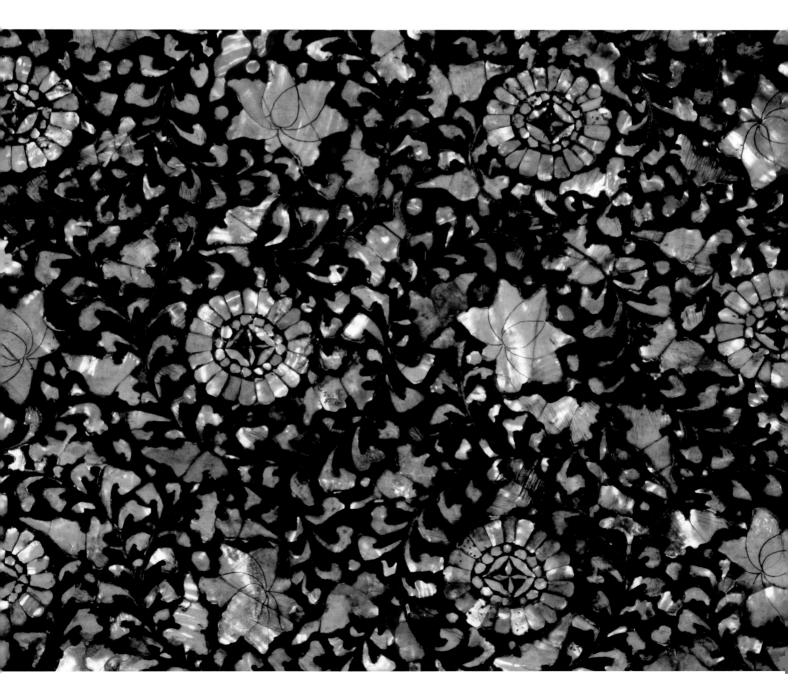

017 연잎과 물고기무늬

나전연당리어문함지 螺鈿蓮塘鯉魚紋咸池

조선 19세기, 국립중앙박물관, 높이 12.3cm 지름 37.5cm

Lotus Leaf and Fish Pattern

Lacquered Bowl Inlaid with Mother-of-Pearl

Joseon dynasty, 19th century, The National Museum of Korea

삼베를 몇 겹 발라 기형을 굳힌 뒤 칠을 여러 번 올려 만든 함지이다. 양옆에 손잡이 고리가 달려 있으며 구연에는 놋쇠 테가 둘러 있다. 내부에만 무늬를 넣었는데 바닥 부분에는 큼지막하게 연꽃을 넣었고, 안쪽 옆으로 연잎과 물고기무늬를 둘러 장식하였다. 연잎은 주름질로 형태를 만들고 그 안에 모조법으로 잎맥을 선각하였다. 이 함지에 표현된 연잎의 형태는 측면형과 정면형으로 분류되며, 측면형 연잎의 사이사이로 크고 작은 정면형 연잎과 물고기를 배치하였다.

018 연꽃무늬

나전연화문일주반 螺鈿蓮花紋一柱盤

조선 19세기 말~20세기 초, 이화여자대학교박물관, 높이 23.2cm 너비 36.2cm 길이 22.0cm

Lotus Pattern

Lacquered Table Inlaid with Mother-of-Pearl

Joseon dynasty, Late in the 19th ~ Early in the 20th century, Ewha Womans University Museum

대지를 상징하는 귀부에 나뭇가지를 꽂은 일주반 형식에 연봉오리蓮峯로 장식된 보조 가지가
더해진 특이한 반이다. 반에는 연지蓮池가 묘사되어 있는데 윤곽을 구불구불한 곡선으로 하고
윗면을 자개로 장식하였다. 윗면에는 물 위에 떠 있는 연꽃무늬와 함께 시문詩文을 배치하였다.
시문은 물결 위에 우주의 순환 원리를 생각하며 연꽃을 바라보는 심정을 내용으로 하고 있으
며 필체는 해서체楷書體이다. 물결 표현은 일자형 봉상사를 이용한 끊음질 기법으로 만들어졌
고, 연꽃과 연잎은 주름질로 모양을 오리고 선각으로 세부를 더하였다. 연꽃은 측면형이며 꽃
잎 여러 겹을 사실적으로 묘사하였다.

019 매화무늬

나전화조문침척 螺鈿花鳥紋針尺

조선 18세기, 일본 야마토문화관, 너비 2.0cm 길이 53.0cm

Plum Blossom Pattern

Lacquered Korean Foot Inlaid with Mother-of-Pearl

Joseon dynasty, 18th century, The Museum Yamato Bunkakan, Japan

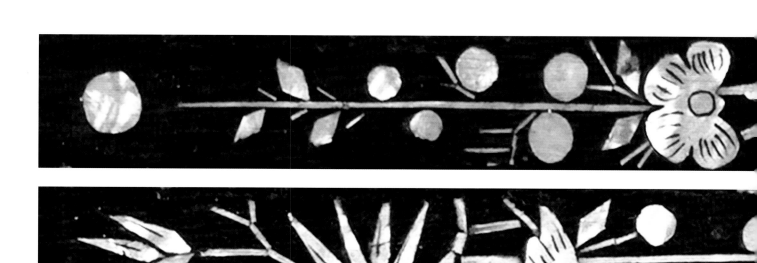

두께가 0.5cm가량 되는 자로 앞뒷면 모두에 자개로 눈금과 무늬를 붙여 넣었다. 양쪽의 눈금 크기가 다른데, 한쪽은 5.5cm쯤 되는 넓은 눈금을 5개 그렸고, 반대쪽은 넓은 눈금을 다시 10 등분하였다. 무늬는 양쪽 모두 매화와 대나무, 그리고 매화 가지 끝에 걸린 달을 표현하였는데, 작은 눈금 쪽에는 매화 꽃 대신 새가 앉아 있다. 무늬는 끊음질과 주름질을 병행하여 시문하였다. 조선시대 후기에는 여성용품에 꽃과 새무늬가 자주 등장하는데 이 침척에서도 그러한 유행을 엿볼 수 있다.

020 매화무늬

나전매월문합 螺鈿梅月紋盒

조선 18~19세기, 일본 야마토문화관, 높이 4.8cm 지름 7.5cm

Plum Blossom Pattern

Lacquered Lidded Box Inlaid with Mother-of-Pearl

Joseon dynasty, 18th~19th century, The Museum Yamato Bunkakan,

Japan

뚜껑이 깊은 원형 합인데 지름이 7.5cm로 크기가 작은 편이다. 뚜껑 윗부분의 가장자리는 모죽임하였고 기면 전체에 매화와 달을 시문하였다. 뚜껑의 모죽임 부분과 몸체 하단에는 꽃봉오리를 띠처럼 연결하여 둘렀고, 옆면에 시무된 매화 가지는 윗면까지 연결된다. 그리고 그 매화 가지의 끝에 둥근 보름달이 걸려 있다. 주름질로 모양을 오리고 모조법으로 세부를 새겨 매우 사실적이며, 회화적인 분위기가 물씬 느껴진다.

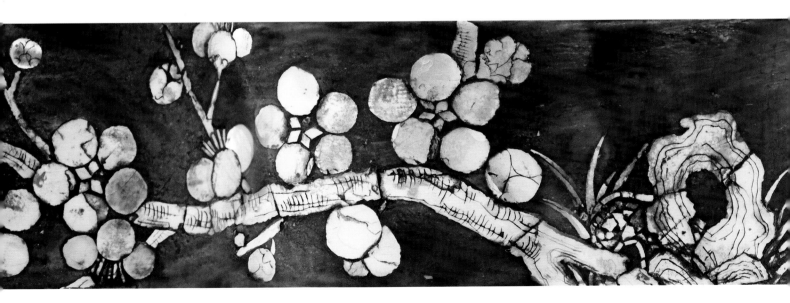

021 사군자무늬

나전모란당초문상자 螺鈿牡丹唐草紋箱子
조선 17~18세기, 국립중앙박물관, 높이 9.9cm 너비 28.5cm 길이 28.5cm

The Four Gracious Plants Pattern
Lacquered Box Inlaid with Mother-of-Pearl
Joseon dynasty, 17th~18th century, The National Museum of Korea

뚜껑과 몸체가 완전히 분리되도록 만든 사각 상자로 모서리에 각각 거멀잡이 2개씩을 부착하였다. 상자의 윗면은 모란넝쿨무늬로, 옆면은 사군자무늬로 장식하였다. 윗면의 모란넝쿨무늬는 측면형 매화 꽃이 달린 3개의 줄기로 되어 있는데, 줄기 하나로 구성되거나 서로 연결되어 있는 이전 시기의 것과 차이가 있다. 옆면의 사군자는 매화·난초·국화·대나무의 구성에서 벗어난 것으로 매화, 국화, 대나무와 패랭이처럼 보이는 꽃 4개가 세트를 이루고 있다. 조선시대 후기에는 매·난·국·죽의 원칙적인 사군자 구성보다는 한두 가지를 다른 소재로 바꾼 사군자무늬가 많이 보이는데, 이 또한 그러한 예 가운데 하나로 볼 수 있다. 이 상자의 사군자무늬는 주름질과 끊음질을 고루 사용하여 각 식물의 특징만을 간략하게 표현하고 있다.

022 사군자무늬

나전도학문원통형함 螺鈿桃鶴紋圓筒形函
조선 19세기, 일본 고려미술관, 높이 14.7cm 지름 34.0cm

The Four Gracious Plants Pattern
Lacquered Cylindrical Box Inlaid with Mother-of-Pearl
Joseon dynasty, 19th century, Koryo Museum of Art, Japan

뚜껑과 몸체가 완전히 분리되는 형태의 원통형 함이며 안팎에 모두 무늬가 있다. 뚜껑 윗면
은 원형으로 구획하고 그 안에 수壽자를 중심으로 복숭아와 학을 번갈아가며 배치하였다. 그
리고 뚜껑 안쪽과 몸체 안쪽 바닥에는 각각 작은 원형 구획 안에 복福자와 물고기무늬를 시문
하였다. 옆면 바깥에는 매화, 대나무, 난초와 모란으로 보이는 꽃을 표현하였는데, 각각 달, 새,
나비, 벌 등의 보조 무늬와 함께 짝을 이루는 점이 흥미롭다. 옆면은 뚜껑과 몸체 부분의 무늬
가 연결되도록 표현하였으며, 주로 주름질로 시문되어 사실적인 느낌을 준다.

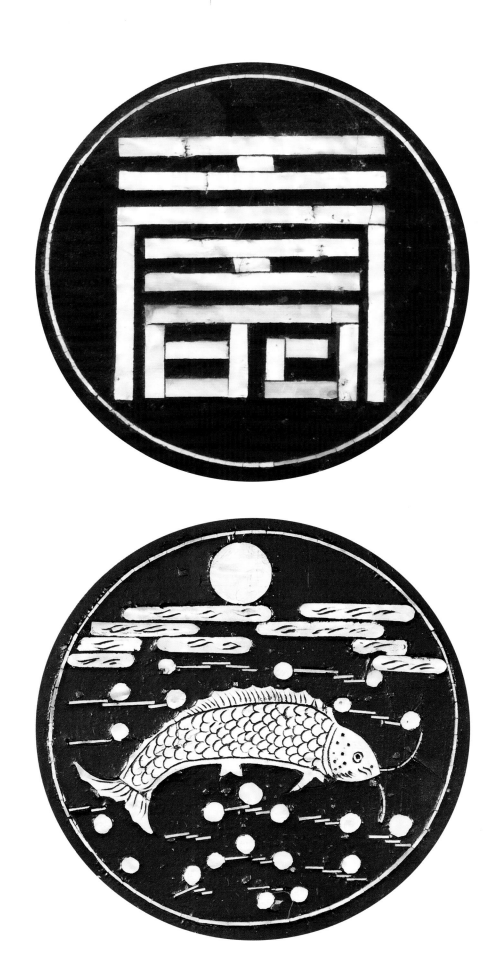

사군자무늬

나전사군자문호족반 螺鈿四君子紋虎足盤
조선 19세기, 디아모레뮤지움, 높이 11.0cm 지름 25.0cm

The Four Gracious Plants Pattern
Lacquered Table Inlaid with Mother-of-Pearl
Joseon dynasty, 19th century, The Amore Museum

원형 상판에 다리가 3개 달린 호족반으로 높이가 낮고 크기가 아담하다. 상판과 변죽이 하나로 짜졌으며 원형의 상판에만 자개로 무늬를 넣었다. 상판의 무늬는 원형의 띠로 화면을 구획하고 그 내부에 매화를 중심으로 사방에 매화, 국화, 대나무, 모란으로 장식하였다. 구성상 매화가 두 번 들어가나, 가운데 있는 매화는 짧은 가지에 세 송이의 꽃이 포개어져 있고 주변에는 잎이 표현된 반면에 바깥쪽의 매화는 가지가 길게 뻗어 있고 원형의 꽃봉오리가 달려 있다.

024 꽃넝쿨무늬

나전화당초문함 螺鈿花唐草紋函

조선 19세기, 경기도박물관, 높이 26.5cm 너비 75.0cm 길이 40.3cm

Flower and Vine Pattern

Lacquered Chest Inlaid with Mother-of-Pearl

Joseon dynasty, 19th century, Gyeonggi Provincial Museum

뒷면에 경첩을 달아 여닫을 수 있도록 한 함이다. 홍송紅松에 흑칠을 하고 자개를 붙여 장식하였다. 앞에는 둥근 고리바탕을 부착하고 양 옆에 들쇠를 달았으며 바닥 네 귀에는 다리를 1cm 높이로 따로 만들어 붙였다. 내부에는 종이를 발랐고 뚜껑 받이가 없으며 네 모서리의 모를 죽여서 둥글게 제작하였다. 무늬는 바닥을 제외한 뚜껑과 네 면에 모두 장식되었는데, 윗면에는 이중으로 된 사각 구획 안에 꽃넝쿨무늬를 일정한 방향성 없이 배치하였으며, 옆 네 면의 무늬는 모두 이어지도록 하였다. 꽃잎이 5장인 꽃은 특징이 뚜렷하지 않아 어떤 꽃을 표현한 것인지 알기 어렵다. 조선시대 후기에는 종류가 분명하지 않은 꽃을 무늬로 많이 썼는데 이 경우가 그러한 예 가운데 하나라고 할 수 있겠다. 꽃에 비해 작고 가느다란 줄기만 끊음질로 표현하였고, 꽃잎과 잎 등 나머지 부분은 모두 주름질로 만들었다.

025 소나무와 대나무무늬

나전송죽모란당초문상자 螺鈿松竹牡丹唐草紋箱子

조선 18세기 후반~19세기, 일본 도쿄국립박물관, 높이 21.5cm 너비 75.3cm 길이 44.3cm

Pine Tree and Bamboo Pattern

Lacquered Box Inlaid with Mother-of-Pearl

Joseon dynasty, Second half of the 18th century ~ 19th century, Tokyo National Museum, Japan

백골 바탕에 베 바르기를 하고 생칠을 두껍게 입혀 만든 사각형 상자이다. 전체적으로 나전을 빽빽하게 붙여 시문하였다. 뚜껑 윗면에는 소나무와 대나무무늬를 시문하였으며, 옆면에는 네 면이 모두 연결되는 모란넝쿨무늬를 시문하였다. 옆면에 장식된 모란은 꽃잎 사이의 간격이 크며 끝부분이 갈라져 있다. 윗면에는 가운데의 소나무 두 그루를 중심으로 양 옆에 대나무가 배치되었는데, 대나무 잎의 끝을 매우 뾰족하게 하고, 잎과 잎 사이의 간격을 없애 단풍잎처럼 보인다. 하늘과 땅을 나타내는 부분에도 촘촘하게 나전 조각을 붙였다. 전체적으로 무늬의 주제가 되는 사물의 특징만을 간략하게 표현하여 도안화한 경향이 강하다. 대부분 주름질로 무늬를 시문했으며, 타찰법을 써서 균열이 많은 편이다.

026 소나무무늬

나전십장생문빗접 螺鈿十長生紋梳函
조선 19세기, 국립고궁박물관, 높이 30.0cm 너비 24.5cm 길이 36.0cm

Pine Tree Pattern
Lacquered Chest Inlaid with Mother-of-Pearl for Storaging combs
Joseon dynasty, 19th century, The National Palace Museum of Korea

서랍이 하나 달려 있으며, 앞면의 서랍 밑에 문을 달아놓은 빗접이다. 모서리마다 3개 이상의 장석을 달았으며 경첩과 고리 장식도 빗접에 비해 큰 편이어서 과장된 느낌이다. 윗면에는 수壽자를 중심으로 학과 복숭아무늬를 배치하였으며 앞면의 서랍 부분에는 국화와 모란을, 서랍에는 십장생무늬를 장식하였다. 서랍 밑에 있는 여닫이문에는 십장생무늬를 넣었는데, 왼쪽은 물가 풍경을, 오른쪽은 산속의 모습을 묘사하였다. 빗접의 옆면에는 각각 매화ㆍ새와 대나무무늬, 그리고 소나무ㆍ대나무와 학무늬가 있는데, 이들은 각각 세트를 이루어 하나의 무늬를 이루는 소재들이다. 소나무와 대나무무늬는 025 상자와 똑같은 소재임에도 아주 다른 느낌으로 표현되었다. 도안화의 경향이 강한 025 상자에 비해 이 무늬는 매우 사실적으로 표현되었다. 소나무 줄기 껍질의 질감, 소나무와 대나무의 크기, 굵기 차이 등을 명확하게 보여주고 있으며, 모조법으로 세부를 표현하여 사실성을 더해주고 있다.

027 대나무와 학무늬

나전십장생문함 螺鈿十長生紋函
조선 19~20세기, 국립중앙박물관, 높이 45.0cm 너비 82.0cm 길이 43.0cm

Bamboo and Crane Pattern
Lacquered Chest Inlaid with Mother-of-Pearl
Joseon dynasty, 19th~20th century, The National Museum of Korea

뒷면에 경첩을 달아 여닫도록 한 직사각형 함이다. 모서리마다 장석을 달았으며 앞면에는 고리바탕과 들쇠를 달았다. 뚜껑 윗면에는 수壽자무늬를 중심으로 복숭아와 쌍학을 장식하고 옆면에도 역시 수자를 중심으로 사군자를 배치하였다. 상자의 전체 면은 끊음질한 선으로 구획하고 그 안에 한 폭의 그림과 같은 무늬를 시문하였다. 앞면에는 길상의 의미로 크게 유행하였던 대나무와 학무늬, 매화와 새무늬를 왼쪽과 오른쪽에 각각 배치하였다. 조선시대 후기에는 대나무와 학을 함께 표현하여 죽학무늬라 불렀는데, 앞면의 왼쪽 화면이 그 예이다. 간단한 선을 제외한 나머지 무늬는 모두 주름질한 자개로 표현하여 전체적으로 회화적인 느낌을 준다.

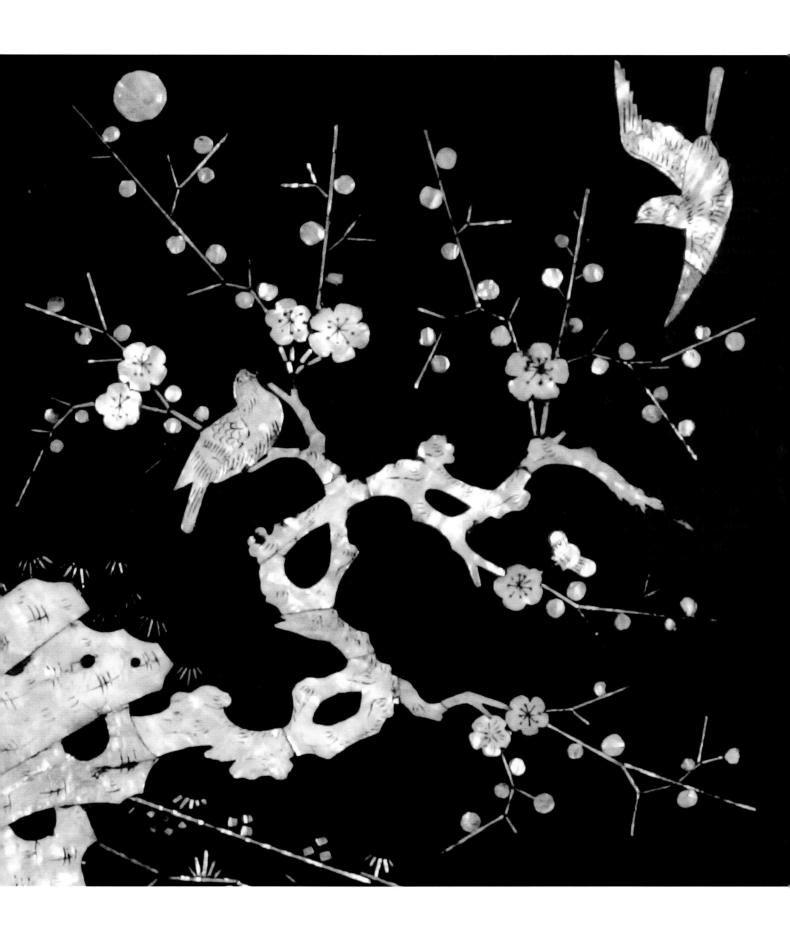

028 포도넝쿨무늬

나전포도당초문상자 蝶鈿葡萄唐草紋箱子

조선 17세기, 일본 야마토문화관, 높이 13.5cm 너비 73.0cm 길이 43.0cm

Grapevine Pattern

Lacquered Box Inlaid with Mother-of-Pearl

Joseon dynasty, 17th century, The Musuem Yamato Bunkakan, Japan

뚜껑과 몸체가 완전히 분리되는 상자로 옷을 수납하였던 것으로 추정된다. 몸체의 하단이 밖으로 튀어나와 뚜껑을 받치도록 설계하였으며 상자 바닥의 네 귀퉁이에는 높이 0.8cm정도의 작은 다리를 만들어 붙였다. 뚜껑의 윗면은 포도무늬로, 옆면은 보상화무늬로 장식하였다. 윗면의 포도넝쿨무늬는 화면을 가로지르는 줄기와 포도송이, 잎으로 구성하였는데, 모두 주름질로 섬세하게 표현하였다. 포도알이 달려 있는 모습과 겹쳐진 포도알, 유연하게 뻗어나간 포도넝쿨 등에서 대담함과 세심함을 동시에 볼 수 있다. 여백에는 나비와 벌을 배치하여 한 폭의 그림과 같은 느낌을 더하였다.

029 포도넝쿨무늬

나전포도당초문서류함 螺鈿葡萄唐草紋書類函
조선 18세기, 국립중앙박물관, 높이 7.0cm 너비 37.5cm 길이 26.5cm

Grapevine Pattern

Lacquered Document Box Inlaid with Mother-of-Pearl

Joseon dynasty, 18th century, The National Museum of Korea

상자의 윗면에 경첩을 달아 여닫도록 설계한 함이며 서류를 넣어두었을 것으로 추정된다. 상자의 각 모서리에 거멀잡이를 부착하였다. 바닥을 제외한 모든 면에 포도무늬가 있으며 하나의 무늬로 도안하여 모든 면이 연결된다. 특히 윗면의 잎이 옆면까지 걸쳐 내려오게 하여 통일감과 생동감을 더해주고 있다. 여백에는 벌 두 마리를 배치하였다. 포도송이와 가지, 잎 등의 표현은 028 상자와 유사하나 무늬의 구도에서 큰 차이를 보인다. 포도 잎맥뿐 아니라 꼬인 넝쿨까지 모두 주름질로 표현하여 섬세하고 유연한 느낌을 준다.

030 포도넝쿨무늬

나전포도당초문상자 螺鈿葡萄唐草紋箱子

조선 19세기, 국립민속박물관, 높이 18.0cm 너비 70.8cm 길이 45.3cm

Grapevine Pattern

Lacquered Box Inlaid with Mother-of-Pearl

Joseon dynasty, 19th century, The National Folk Museum of Korea

소나무로 된 백골에 굵은 베 헝겊을 바른 다음 자개로 무늬를 시문하였고, 천판의 모서리를 약간 굴려 부드러운 느낌을 주는 상자이다. 이 상자는 관복을 수납하였던 것으로 추정된다. 바닥을 제외한 나머지 부분을 모두 포도무늬로 장식하였는데, 029 함과 같이 모든 면의 포도무늬가 연결되도록 도안하였다. 그러나 앞의 029와는 달리 각 면을 따로 보아도 독립된 무늬가 되도록 했다. 또한 포도알의 겹침을 강조하여 포도송이를 보다 실하게 표현한 점과 포도 가지를 휘감는 넝쿨을 살린 점도 앞에서 보았던 포도무늬들과의 차이점으로 꼽을 수 있다. 포도넝쿨 일부에만 끊음질을 사용하고, 나머지 부분은 모두 주름질로 시문하였다. 비교적 넓은 포도잎을 오려 붙였지만 균열이 보이지 않는 점은 자개를 얇게 갈아내는 기술과 도구의 발달이 이루어졌기 때문으로 생각된다.

031 석류·불수감과 복숭아무늬

나전어문반 螺鈿魚紋盤
조선 18~19세기, 일본 야마토문화관, 높이 9.1cm 지름 37.0cm

Pomegranate, Fingered Citron and Peach Pattern
Lacquered Basin Inlaid with Mother-of-Pearl
Joseon dynasty, 18th~19th century, The Museum Yamato Bunkakan, Japan

구연부에 금속을 댄 원형 반이며 안팎에 모두 무늬를 시문하였다. 안쪽 바닥면에는 사다리꼴 모양으로 자른 자개를 이어 붙여 네 마리의 물고기를 표현하고 그 여백에 봉상사로 끊음질한 수초를 배치하였다. 안쪽 옆면에는 매화나무 두 그루의 가지를 길게 늘여 옆면을 장식하였다. 바깥 옆면에는 여러 가지 무늬를 개별적으로 표현하였는데, 영지, 대나무, 석류, 복숭아, 불수감 등 과실무늬의 사이사이에 수壽자와 복福자 등 문자무늬를 배치하였다. 과실무늬는 각 과일의 특징을 간략화하여 주름질로 표현하고 모조법으로 세부를 마무리하였다.

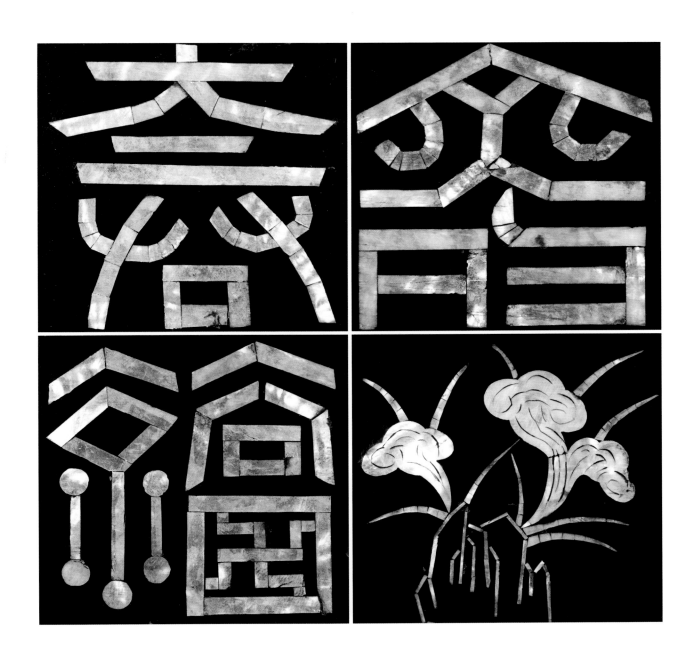

032 석류와 복숭아무늬

나전도학문십이각관모함 螺鈿桃鶴紋十二角冠帽函
조선 18~19세기, 일본 고려미술관, 높이 24.2cm 지름 37.5cm

Pomegranate and Peach Pattern
Lacquered Chest Inlaid with Mother-of-Pearl for Storaging hats
Joseon dynasty, 18th~19th century, Koryo Museum of Art, Japan

뒷면에 긴 경첩을 달아 여닫을 수 있도록 만든 십이각관모함이다. 앞에는 큼지막한 고리받침을 달았으며 현재 자물쇠가 그대로 남아 있다. 윗면에는 원으로 구획하고 그 안에 만자무늬를 중심으로 주변에 학과 복숭아무늬를 배치하였다. 옆면은 각각 대나무, 국화, 석류, 모란, 매화 등의 식물무늬로 장식하였다. 가지를 제외한 나머지 부분은 모두 자개를 오려 붙이는 주름질로 표현하고 세부는 선각으로 마무리하였다.

동물무늬

動物紋

ANIMAL PATTERN

동물
무늬

動
物
紋

Animal
Pattern

동물무늬는 크게 상상동물무늬와 실재하는 동물무늬로 구분하며, 실재하는 동물무늬는 다시 길짐승과 날짐승, 그 밖의 동물무늬로 분류할 수 있다.

나전과 화각 공예에서 나타나는 동물무늬는 다른 공예품에 표현된 동물무늬의 흐름과 크게 다르지 않다. 상 상동물무늬는 용, 봉황, 괴수 등이 있으며 실재동물무늬는 호랑이, 사슴, 양 등을 포함한 길짐승무늬와 학, 원앙 등의 날짐승무늬가 있다.

상상의 동물인 용은 고래로 신령神靈의 걸물傑物로 서 권위의 상징이며 길상과 벽사의 개념으로 다양한 분야 에서 무늬의 소재로 사용되었다. 《역경易經》이나 《한문韓文》 에서는 용이 만물 생성의 근원인 비구름을 주관한다고 하 여 신령스러운 동물로 묘사되고 있다. 《본초강목本草綱目》 에 의하면 용은 뱀의 머리, 사슴의 뿔, 귀신의 눈, 소의 귀, 뱀의 목, 큰 조개의 배, 잉어의 비늘, 매의 발톱, 호랑이의 발바닥을 각각 닮았다고 하여 실재 동물과 상상 속 동물 의 능력과 장점을 취합하여 만들어낸 형상으로 전한다. 이 렇게 모든 동물의 근원으로서 조화와 변신을 자유자재로 하며 지상과 천상을 오르내리는 동물로 알려진 용이 조선 시대에는 천자를 상징하여 왕실 이외에는 사용이 금지되 기도 하였다. 용에는 여러 종류가 있으며 역할 또한 다양 하다. 천룡天龍은 신의 저택을 수호하고, 신룡神龍은 바람과 비를 일으켜 인간을 이롭게 하며, 복장룡伏藏龍은 인간의 눈으로 볼 수 없는 부富를 지켜주며, 응룡應龍, 규룡虬龍, 반 룡蟠龍 등은 물속에 살고, 황룡黃龍은 전설적인 제왕帝王인

복희씨伏羲氏에게 문자文字의 원리를 건네주기 위해 낙하洛河로부터 출현했다고 전한다.

나전 공예에서 용무늬는 18세기 이후에 주로 나타나며 해학적으로 표현되는 것이 일반적이다. 용은 한 마리를 단독 배치하는 경우와 한 쌍으로 표현하는 경우로 분류되는데, 두 경우 모두 예외 없이 구름, 여의주와 함께 구성된다. 용무늬는 특히 036 상자와 같이 보조 무늬를 최소화하고 기물의 모든 면에 단독으로 시문하는 예가 있어 주목된다. 이러한 점은 여타의 동물무늬의 쓰임과는 상이한 특징이다. 그리고 다른 동물무늬와 병치되는 경우에는 주로 괴수무늬와 짝을 이루는 것을 기본으로 한다. 용은 큰 윤곽은 주름질하고 그 안에 모조법을 이용하여 비늘 등의 세부를 섬세하게 묘사하는 것이 보편적이다. 한편 036 상자의 경우에는 윤곽뿐 아니라 비늘 등 각 부의 요소들을 잘게 주름질한 자개로 표현하여 장식성을 극대화하였다.

화각 공예에서 용무늬가 출현한 시기는 나전 공예의 그것과 비슷하다. 화각 공예의 용무늬는 회화적인 특성이 두드러져 나전의 용무늬와 비교하여 해학적인 면이 더욱 강조되고 민화적인 성격이 강하게 나타난다. 034 필통은 이와 같은 특징을 보여주는 좋은 예라 할 수 있다.

봉황은 수컷인 봉鳳과 암컷인 황凰을 가리키며 덕德·의義·인仁·신信·정正을 지녔다고 하여 상서로움을 상징하였다. 봉황 역시 상상 속의 상서로운 새로,《설문해자說文解字》에서는 머리의 앞쪽은 기린, 뒤쪽은 사슴, 목은 뱀, 꽁지는 물고기나 용과 같은 비늘이 있고, 등은 귀갑과 같으며 턱은 제비, 부리는 닭과 같다고 하여 그 생김을 묘사하고 있다. 봉황은 고상하고 품위 있는 모습을 지녔다 하여 왕비에 비유되기도 하고 태평성대를 예고하는 새로 여겨졌다. 또한 고구려 고분벽화를 비롯하여 금공 장신구, 자수, 도자기, 와전, 단청 등 여러 분야에서 다양한 무늬로 표현되었다. 이러한 봉황무늬는 주로 궁중에서 사용한 것으로 보이나 조선시대 후반에 이르면 상공업의 발달과 맞물려 사회 구조가 변화하면서 일반 서민도 널리 사용하였다.

나전 공예에서 봉황무늬는 18세기 이전에는 찾아볼 수 없고 조선시대 후기에 이르러서야 나타나기 시작한다. 이러한 경향은 고려시대 이래로 나전 공예의 무늬 소재가 식물무늬 위주였던 것에서 기인한다.

앞서 살펴보았듯이, 18세기에는 화조무늬의 출현으로 기존의 식물무늬 일색이던 나전 무늬의 소재가 다양해지기 시작하였다. 그와 함께 중심 무늬도 식물무늬에서 동물무늬 위주로 교체되기에 이른다. 18세기 후반 무렵부터는 이러한 경향이 두드러져 여성용 빗접 등의 윗면에 봉황을 중심 무늬로 배치하고 모란넝쿨무늬 등을 옆면의 부속 무늬로 사용하는 예가 많아진다.

19세기 이후에는 기존의 사실적인 표현이 점차 단순한 형태로 도안화되는 경향을 보이는데 이러한 현상은 장이나 문갑 등의 문판 장식이나 041과 같은 베갯모에 시문된 구봉무늬九鳳紋를 통해서 확인할 수 있다. 구봉九鳳이란 새끼 일곱 마리와 함께 있는 한 쌍의 봉황을 가리키는 것으로, 이를 무늬로 정형화한 것을 구봉무늬라 하며 부귀다남富貴多男을 상징한다. 구봉무늬는 앞서 언급하였듯이 넓은 자개를 주름질하여 봉황의 몸체와 깃털을 단순하게 표현하는 것이 특징이다.

화각 공예에서도 봉황무늬는 매우 빈번하게 사용되었다. 뚜껑 윗면 천판天板의 중심 무늬로 학과 함께 배치하는 것이 일반적이며, 040 머릿장의 문판에서와 같이 단독 중심 무늬로 표현하기도 한다.

이 밖에도 나전과 화각 공예에서는 호랑이, 사슴, 토끼, 다람쥐, 십장생 등의 길짐승무늬를 사용하였다.

호랑이는 그 용맹함 때문에 무사의 상징이기도 하며 사악한 잡귀를 물리치는 벽사 기능을 하는 영물로 인식되기도 하였다. 이러한 호랑이무늬는 나전 공예에서는 19세기 이후 베갯모 등에, 화각 공예에서는 함, 필통 등 다종의 기물에 사용하였다. 이 시기의 호랑이무늬는, 나전 공예에서는 끊음질보다는 주름질과 모조법을 이용하여 세밀하게 묘사한 반면 화각 공예에서는 민화적인 성격을 강조하여 익살스럽게 표현하였다. 호랑이무늬는 소나무무늬와 세트화한 소나무와 호랑이무늬松虎紋로 한 폭에 담는 것이 일반적이다. 이 경우에는 중앙에 호랑이를 배치하고 한켠에서 소나무가 뻗어 나와 호랑이의 머리 위까지 드리우는 듯 표현하였는데 047 함과 048 베갯모에서 확인할 수 있다. 더러는 소나무 위에 까치를 함께 배치하여 까치호랑이무늬를 표현한 예도 있다.

사슴무늬는 십장생을 무늬의 소재로 채택하기 시작한 조선시대 후기 19세기 이후부터 주로 나타난다. 사슴무늬는 봉황, 학, 거북 등과 마찬가지로 암수 두 마리를 한 폭에 배치하는 것을 기본으로 하며 소나무·영지무늬를 보조 무늬로 삼아 회화적으로 표현하는 것이 일반적이다. 사슴은 십장생 가운데 하나로 심산에 살면서 약초를 주식으로 하는 장생불사의 영수로 여겨졌다. 소나무와 영지 역시 십장생에 속하는 소재로서 사슴과 결합하여 장생의 의미를 더하고 있다. 이러한 사슴무늬는 함, 장, 문갑, 베갯모 등에 다양하게 시문하였다. 그러나 기물의 전체적인 무늬 배치에 따르면 사슴무늬는 중심 무늬라기보다는 각 면에서 한 부분을 차지하는 보조 무늬로서의 성격이 강하다.

십장생은 장생불사를 표상하는 열 가지 물상으로 해·대나무·물·돌·구름·소나무·불로초·학·거북·사슴 등을 가리킨다. 해는 광명, 산은 불변, 물은 맑음, 불로초는 불로장생을 뜻하며 사슴은 사랑과 평화, 대나무는 굳은 절개, 소나무는 곧은 의지, 구름은 자연, 그리고 학은 탈속의 높은 기상을 뜻한다. 도자 분야에서는 십장생무늬가 18세기 후반부터 유행하기 시작하였고 자수 등 공예 전반에 걸쳐 무늬의 소재로 사용하였다. 나전과 화각 공예품에서 십장생무늬는 화조무늬의 유행을 이어 19세기에 나타나기 시작하는데 열 가지 모티프가 한 폭에 그려지는 경우는 드물다. 십장생무늬 중 동물은 주로 쌍으로 배치하여 장수와 함께 부부 사이의 금슬을 기원하는 무늬로 사용하였다. 19세기 초 나전 공예품에서는 중심 무늬로 산수화풍의 십장생무늬가 주를 이루며, 보조 무늬로 식물무늬를 사용하는 등 기존의 무늬 배치 형식과는 다른 새로운 면모를 보인다. 이러한 십장생무늬는 함, 빗접, 농, 경대, 문갑, 반짇고리 등에 많이 시문하였다.

십장생 중의 하나인 거북은 사슴과 같이 거북만을 중심으로 한 무늬 구성이 다양하게 나타난다. 용이 모든 동물의 우두머리이고, 봉황이 모든 새의 우두머리로 여겨졌던 것과 같이 거북은 개충介蟲의 우두머리로 여겨졌다. 기물에 시문된 거북의 모습은 입으로 서기瑞氣를 내뿜고 있는 것이 많은데 이것은 신령한 동물 또는 상서로운 징후를 상징한다. 이러한 거북무늬는 물결무늬, 연지蓮池무늬 등과 조합하여 기물의 넓은 면에 산수화와 같이 표현하는 경우가 많다.

나전과 화각 공예에서 무늬의 소재로 쓰인 날짐승무늬는 학, 원앙과 그 밖의 새 등으로 구분된다.

학은 자연계에 실재하는 새인데도 옛사람들은 매우 신비스럽고 영적인 존재로 인식하였다. 옛 문헌에 '학은 양陽의 새이다. 16년에 소변小變하고 60년에 대변大變한다. 2년에 잔털이 떨어져 검은 점으로 변하고 3년에 머리가 붉게 변한다. 7년에 은하수를 치고 날며 또 7년에 춤을 배우고, 다시 7년에 절도를 터득한다. 밤낮으로 12번 울며 60년에 큰 털이 빠지고 뭇 털이 무성해진다. 깃털은 눈같이 희며 진흙탕에도 더렵혀지지 않는다. 160년에 암수가 서로 만나 눈을 마주쳐 주시하면 잉태한다. 1600년 동안 물을 마시지만 먹이는 먹지 아니한다. 물을 먹기 때문

에 부리가 길며 앞은 휜칠하고 뒤는 짧다. 다리가 길고 꼬리는 추례하며 구름 위를 날기 때문에 털은 풍성하나 몸은 깡말랐다. 날개 달린 동물의 우두머리이며 선인이 타고 다닌다'라고 하였다.

학은 일반 회화나 민화를 가리지 않고 널리 그려졌다. 공예품의 경우에는 대부분의 학이 소나무나 복숭아나무를 배경으로 하고 있다. 소나무와 학의 관계는 기러기와 갈대, 백로와 연꽃의 관계처럼 정형화되어 있다. 소나무와 학이 서로 짝을 짓게 된 것은 '송수천년 학수만년松壽千年 鶴壽萬年'이라는 말에서 보듯이 오랜 옛날부터 믿어온 장수, 길상 관념과 관련이 있는 것으로 보인다. 학과 소나무를 주제로 그린 〈일품대부一品大夫〉라는 제목의 민화가 있는데, 이것은 옛날 중국 진시황제가 소나무에 대부의 벼슬을 내렸다는 이야기와 관련하여 문관 일품의 복장에 새들의 우두머리인 학무늬를 쓴 데서 유래한 것이다.

한편, 나전과 화각 공예에서는 학과 복숭아나무의 조합도 빈번하게 사용하였다. 이는 복숭아를 신물로 여긴 데서 연유한 것으로 대부분의 학이 복숭아 열매가 달린 나뭇가지를 입에 물고 있는 모습으로 표현된다.

학무늬는 조선시대 중기 이후 마름형 구획 안에 쌍으로 표현하기 시작한다. 이렇게 마름형 구획 안에 중심무늬를 배치하는 형식은 도자기나 금속기에서도 흔히 발견되는 것이다. 19세기에 이르면 한 쌍의 학을 배치하는 구성은 주로 기물의 천판에 보이는데 이 시기에는 도안화된 수壽 · 만卍자 등의 길상문자를 중심에 배치하고 그 좌

우로 한 쌍의 학을 대칭 구도로 배치하는 것이 형식화된다. 학의 표현은 이 시기의 주된 기법인 주름질과 모조법을 이용하였다. 화각 공예에서의 학무늬 역시 함의 경우는 봉황과 함께 천판에 시문하는 예가 주를 이루며, 실패 등의 규방 용품에서도 그 용례를 찾아볼 수 있다. 이렇게 학무늬나 봉황무늬를 주로 기물의 최상부인 천판에 시문하였던 것은 천상의 동물이라는 개념과도 관련이 있을 것으로 보인다. 그 밖에 학과 대나무무늬를 조합하는 예도 종종 볼 수 있는데 이는 장생과 상서의 의미를 가진 소재들을 함께 두어 그 의미를 배가시키고자 하는 한편, 기존의 형식화된 틀이 사회적 변화에 따른 영향으로 와해되고 무너지는 양상을 보여주는 단적인 예라 할 수 있다.

원앙은 수컷인 원鴛과 암컷인 앙鴦을 함께 부르는 말이다. 암수가 서로 어깨와 날개를 나란히 하여 난다고 하며 한 쌍의 원앙이 어느 한쪽을 잃더라도 새로운 짝을 얻지 않는다고 하여 부부간의 화합, 백년화목의 상징으로서 조선시대 후기에 애용하였던 무늬의 소재이다. 그리하여 원앙은 반드시 두 마리를 함께 표현하며 베갯모 등 두 짝이 쌍을 이루는 기물에 주로 사용하였다. 원앙무늬는 꽃가지 등을 중심으로 대칭되게 표현한 예가 많으며 다른 무늬 소재들에 비해 특히 도안화된 느낌이 강하다.

그 밖에도 나전 공예에서는 새와 식물을 모티프로 한 화조화가 주요 무늬의 소재로 나타나는 경향을 보이고 있어 주목된다. 이러한 화조무늬는 주로 조선시대 중기 이후의 나전 공예품에서 나타난다. 18세기 이전 모란과 국화넝쿨무늬 일색이었던 나전 공예품은 18세기 전반경 사군자무늬와 화조무늬가 보조 무늬로서 새롭게 첨가되기에 이르고 18세기 이후가 되면 중심 무늬가 화조무늬로 변화하는 양상을 보인다. 이 시기의 화조무늬는 주로 매화나무와 한 쌍의 새로 구성되어 있으며, 새 중의 한 마리는 가지에 앉아 있고 다른 한 마리는 날갯짓하는 장면으로 획일화되어 있다. 이러한 경향은 조선시대 후기까지 이어지는데, 조선시대 중기의 화조무늬는 조선시대 후기에 비해 구성이 복잡하고 섬세하게 묘사되는 것이 특징이다.

한편, 화조화의 도입으로 인해 조선시대 전·중기에 쓰였던 무늬 구도가 파격적으로 변화되는 등 고려시대 나전 무늬의 답습을 타파하려는 의지가 엿보인다. 이러한 화조무늬의 대두는 당시 화보풍 무늬의 유행과 관련이 있는 것으로 추정된다.

박쥐는 한자 이름인 '편복蝙蝠'의 복蝠자가 복福자와 동음인 것을 차용하여 복을 가져다 준다고 인식되었다. 또한 박쥐는 번식성이 강하여 오복五福 중의 하나인 다남多男을 상징하기도 하는데 다섯 마리를 함께 표현하여 오복을 뜻하기도 한다.

나전과 화각 공예의 박쥐무늬는 조선시대 후기에 이르러 길상무늬와 함께 등장하며 중심 무늬이기보다는 길상문자의 사방에 배치하거나 함, 빗접, 농 등의 곁칸에 보조 무늬로 주로 사용하였다.

벌과 나비는 행복을 상징하는 길상무늬인데 단일

소재로 쓰이는 경우는 드물고 꽃 또는 포도 무늬와 함께 사용하는 것이 일반적이다. 나비의 형태는 조선 17, 18세기에는 사실적인데 비해 19세기에 이르면 그 형태를 박쥐와 유사한 형상으로 묘사하기도 하고 벌의 표현에 가깝게 간략화시켜 시문하는 경우도 있다.

그 밖에 물고기무늬나 두꺼비무늬도 나전이나 화각 공예에서 종종 나타나는 소재이다. 이 무늬들은 무늬 소재가 다양화되기 시작하는 조선시대 후기에 주로 등장하며 중심 무늬보다 보조 무늬로 쓰이는 것이 일반적이다.

물고기는 밤낮으로 눈을 뜨고 있는 특성에 연유하여 부정한 것을 경계하고 물리친다는 의미를 갖는다. 또한 부부의 금슬을 상징하기도 하는데, 이는 동방의 바다에 산다는 전설적인 비목어北目魚와 관련 있는 것으로 여겨지며, 다산의 상징으로도 널리 애호되었다. 특히 두 마리의 물고기가 쌍으로 표현되는 경우에는 음양화합을 상징한다.

나전 공예에서 물고기무늬는 대개 보조 무늬로 쓰였는데 이에 따라 연상이나 장, 농 등 면 분할이 많은 기물에서 확인할 수 있으며 여성 용품에 많이 썼다. 물고기의 형태는 비교적 사실적으로 표현되어 쏘가리, 메기 등 어종 구분이 확연한 것이 특기할 만하다.

두꺼비는 달을 상징하는 동물로 중국 고대 문헌에 그 연유가 잘 기록되어 있다. 《회남자淮南子》〈남명훈覽冥訓〉에는 '예羿라는 활 잘 쏘는 사람이 있었는데 서왕모西王母에게 불사약不死藥을 청하였다. 이 불사약을 항아姮娥가 훔쳐

먹고 선녀가 되어서 달 속으로 들어갔다. 그뒤 달의 정精이 되었는데, 달에 들어간 뒤 변하여 두꺼비가 되었다'는 구절이 있는데 이에 연유하여 두꺼비가 달을 상징하게 되었다고 한다. 그러나 조선시대 후기 나전과 화각 공예품에 보이는 두꺼비는 달의 상징보다는 길상의 의미로 사용되었을 가능성이 높다.

현존하는 나전 공예품에서는 두꺼비무늬를 확인하기 어려운데, 080 화각함에서 그 예를 찾아볼 수 있다. 080 함에서는 붉은 바탕에 하늘을 향해 몸을 젖힌 흙빛의 두꺼비를 비교적 사실적인 필치로 그렸다. 이 두꺼비무늬도 여러 구획 중 한 부분을 차지하는 무늬이므로 크게 눈에 띄지 않지만 흔치 않은 무늬로 주목된다.

동물무늬는 나전 공예에서 17세기부터 봉황을 비롯한 날짐승류를 보조 무늬로 사용하는 것이 시작이다. 19세기에는 나전·화각 공예에서 공통적으로 동물무늬의 소재가 다양해지며 크게 유행한다.

나전 공예에서 18세기 이전에는 국화무늬와 모란넝쿨무늬 일색이었던 데 반해 18세기 전반경부터 화조무늬를 보조 무늬로 쓰면서 차츰 동물무늬가 차지하는 비중이 커졌다. 이후 19, 20세기에 이르면 민수적 성격의 기물이 다량 제작되기 시작하면서 기복적 성격을 가진 십장생 등의 장생무늬가 중심 무늬로서의 위치를 점하여 기복적인 성격을 띠게 된다.

화각 공예의 경우는 현존하는 유물의 대다수가 19세기 이후의 것으로 무늬 배치나 그 흐름을 파악하는

데 어려움이 따르지만 대략적인 특징을 축약해보면 다음과 같다.

일반적으로 정방형은 면 분할을 적게 하여 각 면에 동물들을 한 쌍씩 시문하였고, 장방형은 면 분할을 많이 하여 다양한 소재의 동물무늬가 한 면에 혼재하도록 배치하였다. 그리고 양자 모두 특수한 경우를 제외하고는 천판에는 형태와 상관없이 대부분 봉황과 학을 번갈아 배치하거나 대칭으로 마주보게 하는 방식을 취하였다. 특히 장방형 화각함은 구획을 나누는 과정에서 여러 단의 면이 생기게 되는데, 대체로 하단에서 상단으로 올라가면서 물속 동물, 지상 동물, 천상 동물 순으로 구성하려 한 의도가 엿보인다.

나전과 화각 공예의 동물무늬는 단독으로 나타나기보다 다른 무늬와 조합하여 복합 무늬를 이룬다. 이러한 복합 무늬는 한 기물에 여러 주제가 함께 표현되는 경향을 보인다. 예를 들면 050 문갑에서와 같이 봉황과 오동나무무늬, 학과 복숭아나무무늬, 거북과 연꽃무늬 등 여러 주제들을 분할된 면에 한 폭씩 담아 병렬하거나 045 화각함처럼 각 측면에 서로 다른 주제의 무늬를 배치하는 것이 일반적인데, 이러한 무늬 배치 형식은 공통적으로 함이나 장, 문갑 등에서 주로 나타난다. 이 점은 19세기 이후의 나전과 화각 공예의 무늬 배치 형식의 특징을 단적으로 보여주는 예라 할 수 있다.

한편, 나전함의 경우에는 십장생의 기복적인 무늬가 주종을 이루기 시작하면서부터 점차 기면을 다양한 무늬의 조합으로 여백 없이 메우는 현상이 두드러진다. 이런 경우에는 054 함과 같이 대부분 앞면을 이등분하여 학과 복숭아무늬, 사슴과 소나무무늬를 조합하여 병렬 배치하거나, 거북과 물결무늬, 사슴과 소나무무늬를 병치하는 등 일정한 패턴을 유지하고 있어 주목된다.

033 용과 구름무늬

나전용문반짇고리 螺鈿龍紋裁縫箱子
조선 18~19세기, 서울역사박물관, 높이 7.5cm 지름 32.8cm

Dragon and Cloud Pattern
Lacquered Workbox Inlaid with Mother-of-Pearl
Joseon dynasty, 18th~19th century, Seoul Museum of History

표면 전체에 흑칠을 한 원형 반짇고리로, 구연부에만 주칠을 하였다. 안쪽 바닥에는 아亞자 모양 띠로 원형 구획을 만들고 그 안에 삼조룡三爪龍 한 쌍을 마주보도록 배치하였다. 용은 전체 윤곽만 나전으로 오려 붙이고 세부는 대부분 선각으로 표현하였다. 동그랗게 뜬 눈과 위로 치솟은 머리 갈기, 웃고 있는 듯한 표정에서 해학성을 엿볼 수 있다. 용무늬와 함께 표현된 구름 무늬 역시 선각이 주를 이루고 있다. 바깥 측면에는 여러 문자무늬와 길상무늬를 장식하였다. 수壽·복福자 사이에 물고기와 매화, 대나무와 학, 소나무와 사슴, 게와 수초, 모란과 새, 파도와 거북, 복숭아와 원앙을 짝지어 배치하였다. 특이한 점은 모든 동물이 쌍을 이루고 있다는 것인데, 부부 금슬과 길상의 염원을 담아 제작하였기 때문으로 생각된다. 안쪽 바닥에 시문된 용과 구름무늬는 모조법을 최대한 활용하였기 때문에 섬세한 느낌을 준다.

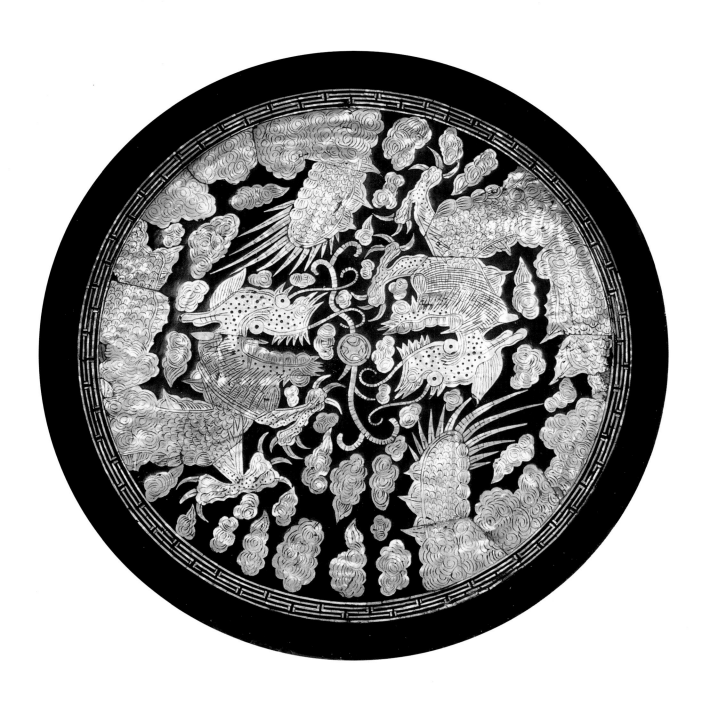

034 용무늬

화각필통 華角筆筒
조선 19세기, 경기도박물관, 높이 13.3cm 지름 13.5cm

Dragon Pattern
Brush Holder Adhered with painted Ox-horn Sheet
Joseon dynasty, 19th century, Gyeonggi Provincial Museum

홍송에 화각을 입힌 팔각 필통으로 구연부에 상아를 덧붙이고 16개의 대나무못으로 고정하였다. 하단부는 따로 나무를 대고 대나무못을 8개 박아 마무리하였다. 무늬는 옆면에만 있는데 따로 그려서 각 면을 이어 붙였다. 용, 해태, 거북, 기린을 중심으로 하고 여백에 구름, 꽃, 풀, 바위 등을 적절히 배치하였다. 빨간색 바탕에 노란색, 초록색, 흰색 등 몇 가지 색만을 이용하여 무늬의 특징을 잘 나타내고 있다. 묘사된 소재는 모두 신수神獸이나, 조선시대 후기의 유행을 반영한 듯 해학적으로 표현되었다. 화사한 색감과 정교한 솜씨를 보여준다.

035 용과 구름무늬

나전운룡송호문베갯모 螺鈿雲龍松虎紋枕板
19~20세기, 삼성미술관 리움, 지름 21.3cm

Dragon and Cloud Pattern
Lacquered Pillow-end Plaque Inlaid with Mother-of-Pearl
19th~20th century, Leeum

한 쌍을 이루는 원형 베갯모로 바깥 테두리에 베개와 연결하였던 구멍이 있다. 바깥 테두리를 아(亞)자 모양 띠로 두르고 그 안에 각각 다른 무늬로 장식하였다. 베갯모의 한쪽에는 소나무, 호랑이와 까치무늬를, 다른 한쪽에는 용과 구름무늬를 장식하였다. 호랑이 부분은 조선시대 후기 민화의 소재로 자주 이용되었던 '까치호랑이'를 도안한 것이다. 끊음질로 바닥과 소나무 잎을 표현하고 소나무 가지와 새, 바위, 호랑이 등은 주름질로 오려낸 다음 선각으로 마무리하였다. 용은 몸을 U자 모양으로 배치하고 여백을 구름과 여의주로 채워 넣었다. 19세기 이후 유행하였던 민화풍 무늬의 영향으로 용과 호랑이 모두 해학적으로 표현하였다.

용무늬

나전용문상자 螺鈿龍紋箱子

조선 19~20세기 초, 국립중앙박물관, 높이 32.7cm 너비 42.0cm 길이 42.4cm

Dragon Pattern

Lacquered Box Inlaid with Mother-of-Pearl

Joseon dynasty, 19th ~ Early in the 20th century, The National Museum of Korea

받침다리가 있는 상자로 용도는 분명하지 않다. 바닥면을 제외하고 모든 면에 용무늬를 시문하였는데, 두 마리의 용이 엉킨 듯 도안하였다. 용은 매우 해학적으로 표현하였으며 용의 몸체 일부분에는 규칙적으로 구름무늬를 시문하여 구름 속 용을 표현하였다. 용의 얼굴을 이루는 눈과 입, 뿔, 갈기 등은 모두 분리하여 재구성하였으며 선각을 사용하지 않고 나전 조각을 오려서 붙이는 주름질만으로 완성하였다. 이러한 표현 방법은 용뿐만 아니라 옆면의 띠를 이루는 꽃넝쿨무늬에서도 보이는데 간략하게 도안화하여 시문하였다.

037 용무늬

화각실패 華角絲捲
19~20세기, 경기도박물관, 너비 3.6cm 길이 9.0cm

Dragon Pattern
Spool Adhered with painted Ox-horn Sheet
19th~20th century, Gyeonggi Provincial Museum

직사각형 형태에 단면은 유선형인 화각실패이다. 가장자리에 마름모를 연결한 띠를 두르고 중앙에는 용무늬를 넣었다. 실패 모든 면에 용이 걸쳐져 있고 부분적으로 구름에 가려져 있다. 이러한 표현은 036 상자와 동일하다. 빨간색 바탕에 흰색, 초록색, 노란색 등을 이용하여 무늬를 그려 넣었다. 용의 비늘을 짧은 직선으로만 표현하고 얼굴을 간략화시키는 등 세부를 많이 생략하였다.

038 봉황무늬

나전봉황문상자 螺鈿鳳凰紋箱子
조선 19세기, 일본 야마토문화관, 높이 15.0cm 너비 34.6cm 길이 16.2cm

Phoenix Pattern
Lacquered Document Box Inlaid with Mother-of-Pearl
Joseon dynasty, 19th century, The Museum Yamato Bunkakan, Japan

앞면에 뚜껑과 연결하는 잠금 장치가 달린 직사각형의 전형적인 문서함이며 내부에 받침단을 마련해놓았다. 뚜껑의 윗면에는 2cm가량의 삼각거치무늬띠로 사각 구획을 만들고 그 안에 봉황 한 쌍을 배치하였다. 봉황의 양 옆에는 각각 매화나무와 대나무가 표현되어 있는데 이러한 구성은 종래의 매화와 대나무무늬에 쌍봉雙鳳을 첨가한 것으로 보이며 각각의 무늬는 간략화하고 세부 묘사는 생략하였다. 몸체 네 면에는 각각의 면 크기에 맞추어 동일한 구성의 모란넝쿨무늬를 배치하였다. 면과 면을 잇는 모서리 부분에는 모 싸개와 같이 자개를 둘렀다. 몸체 네 면은 중심 무늬인 모란과 보조 무늬 조합의 비율이 1 대 1에 가까워 모 싸개 표현과 함께 조잡한 느낌을 더하고 있다. 이렇듯 과다하게 장식한 경우는 수요 계층의 확대와 더불어 나타난 19세기의 시대 경향이기도 하다.

039 봉황과 구름무늬

나전장생문함 螺鈿長生紋函

조선 19세기, 일본 고려미술관, 높이 25.0cm 너비 64.0cm 길이 35.5cm

Phoenix and Cloud Pattern

Lacquered Chest Inlaid with Mother-of-Pearl

Joseon dynasty, 19th century, Koryo Museum of Art, Japan

각 면에 여러가지 장생무늬를 표현한 함이다. 윗면에는 중심에 확장된 아자무늬를 육각형 구획 안에 배치하고 구획창 바깥에 초화무늬를 둘렀다. 아자무늬를 중심으로 양쪽 끝에는 닭의 형상에 가까운 봉황 두 마리를 서로 마주보도록 배치하였다. 앞면에는 자물쇠 앞바탕을 중심으로 양쪽에 한 마리씩 거북을 배치하고 그 주변은 연꽃무늬로 가득 매웠다. 양 옆면에는 포도다람쥐무늬, 연못가에 드리워진 매화나무와 물고기무늬를 각각 시문하였다. 이 상자에는 뒷면에도 꽃무늬를 시문하였다. 전체적으로 주름질 기법으로 시문하였으며 일부 끊음질을 사용하였다. 특히 단위 무늬를 주름질하고 난 나머지 자개로 바위 등의 보조 무늬를 표현한 점이 주목된다.

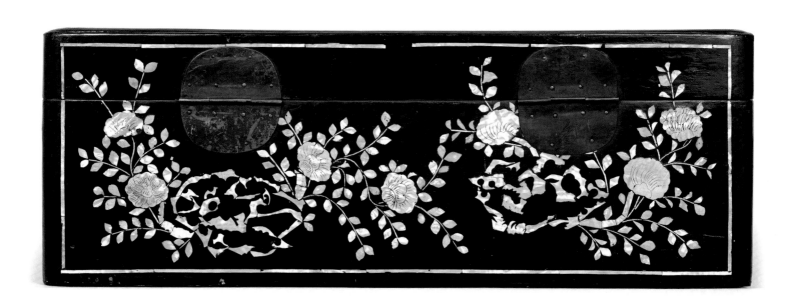

040 봉황무늬

화각운봉문머릿장 華角雲鳳紋單層欌
조선 19세기, 국립중앙박물관, 높이 26.5cm 너비 38.7cm 길이 21.5cm

Phoenix Pattern
Single Wardrobe Adhered with painted Ox-horn Sheet
Joseon dynasty, 19th century, The National Museum of Korea

소형의 화각 머릿장으로 문판을 중심으로 위아래에 세 칸씩 머름칸을, 양쪽 가에 두 칸씩 쥐벽칸을 두어 각각의 분할된 면 안에 무늬를 배치하였다. 소형 장이므로 문을 크게 하기 위해 쥐벽칸을 줄여 머름칸보다 좁게 구성하였다. 다리 역시 짧은데 운각을 덧대어 더욱 낮은 느낌을 주었으며 옆널에는 풍혈을 새겼다. 문판에는 봉황을 한 마리씩 배치하여 서로 마주보도록 하였고, 머름칸과 쥐벽칸에는 매화·모란·연꽃·난초·국화무늬를 시문하였다. 화각은 모두 노란색 바탕에 붉은색을 주로 하였으며 목재의 검붉은 색조와 어우러져 화사하게 표현되었다.

041 봉황무늬

나전봉황문베갯모 螺鈿鳳凰紋枕板

조선 19세기 후반~20세기 초, 숙명여자대학교박물관, 너비 12.3cm 길이 12.3cm

Phoenix Pattern

Lacquered Pillow-end Plaque Inlaid with Mother-of-Pearl

Joseon dynasty, Second half of the 19th ~ Early in the 20th century, Sookmyung Women's University Museum

여성용으로 추정되는 사각형 베갯모 한 쌍이다. 두 베갯모의 무늬는 동일하며 가장자리에는
안팎이 삼각거치무늬띠로 둘러싸인 삿자리무늬띠를 둘러 장식하고 그 안에는 변형 구봉무늬
를 배치하였다. 구봉무늬는 본래 자손의 번창을 기원하는 것으로 한 쌍의 큰 봉황과 새끼 봉
황을 일곱 마리 그리는 것이 원칙이나 이 베갯모에는 새끼를 여덟 마리 그려 대칭을 유지하려
한 의도가 엿보인다. 특히 서로 마주보고 있는 큰 봉황 한 쌍의 사이 머리 부분에 모란 꽃가지
를 배치한 구성은 통일신라시대 이래로 유행한 함조衔鳥무늬의 계보를 잇는 예로 주목된다.

042 봉황·오동과 대나무무늬

나전장생문삼층농 螺鈿長生紋三層籠
20세기 초, 국립고궁박물관, 높이 217.0cm 너비 87.3cm 길이 45.0cm

Phoenix, Paulownia tree and Bamboo Pattern
Lacquered Compound Wardrobe Inlaid with Mother-of-Pearl
Early in the 20th century, The National Palace Museum of Korea

왕실 용품으로 전해지는 주칠朱漆의 이층장이며 장과 농의 특징을 모두 갖추고 있다. 앞면은
각 층마다 양 여닫이문을 갖춘 쥐벽칸과 네 칸의 머름칸으로 구성되어 있다. 가장 위의 서랍
칸에는 서로 다른 보배무늬를 한 쌍씩 배치하고 위아래 문판에는 각각 구봉과 대나무무늬, 학
과 복숭아무늬를 대칭으로 배치하였다. 위아래의 쥐벽칸에도 역시 대칭으로 각각 산수무늬,
사슴과 소나무무늬를 시문하였다. 그 밖의 머름칸에는 모란·석류·포도무늬 등으로 화면을
가득 메우고 있으며, 모든 기둥과 쇠목, 동자주 부위에는 번개무늬띠를 일괄적으로 두르고 있
어 화려함을 더하였다. 은은한 무지갯빛의 청패靑貝를 주로 사용하였으며 넓은 자개를 오려내
어 바탕에 음각 시문하는 모조법과 끊음질 기법을 써서 무늬를 표현한 점으로 미루어 1900년
대 전후의 것으로 추정된다.

나전단화금수문경 螺鈿團花禽獸紋鏡
통일신라 8~10세기, 삼성미술관 리움, 지름 18.6cm

Beast Pattern
Mirror Inlaid with Mother-of-Pearl
Unified Silla, 8th~10th century, Leeum

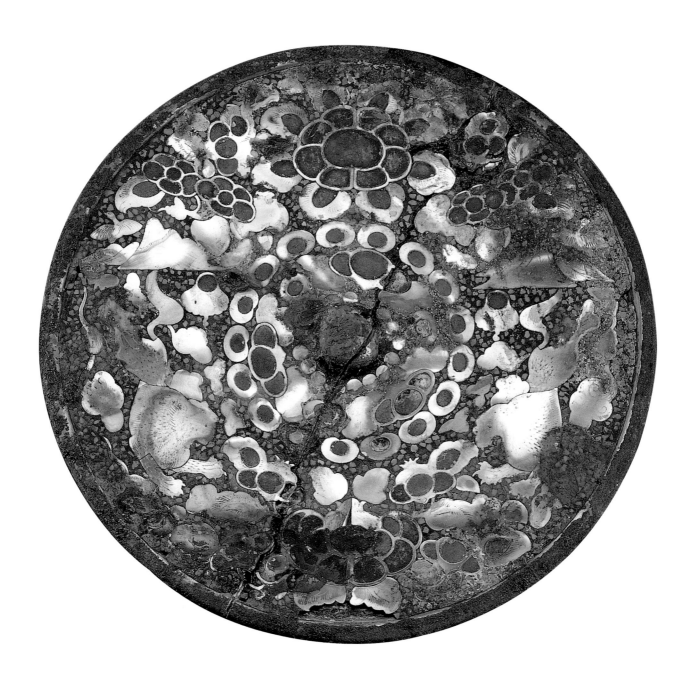

뒷면 전체에 무늬가 시문되어 있는 통일신라시대의 대표 유물로 가야 지역에서 출토되었다고 전해지는 나전거울이다. 거울 꼭지를 중심으로 균일한 구슬무늬 띠를 돌리고 그 바깥에 세 송이의 측면형 꽃무늬를 원형으로 연결하여 둘렀으며 다시 그 둘레를 꽃잎으로 에워쌌다. 이 단위 무늬 바깥으로는 크고 작은 꽃무늬와 괴수·새·구름무늬 등 다양한 무늬를 배치하였다. 꽃무늬는 자개로 테두리를 두르고 안에는 복채한 호박으로 장식하였으며, 여백에는 터키석 조각을 잘게 부수어 흩뿌려 박고 두껍게 칠을 하였다. 꽃과 괴수 등 넓은 면은 매우 세밀하게 선각하여 사실적으로 표현하였다. 이와 유사한 거울이 일본 쇼소인正倉院에도 소장되어 있으며, 그 상관관계가 많이 회자되기도 하여 중국의 전래품으로 보는 견해도 있다.

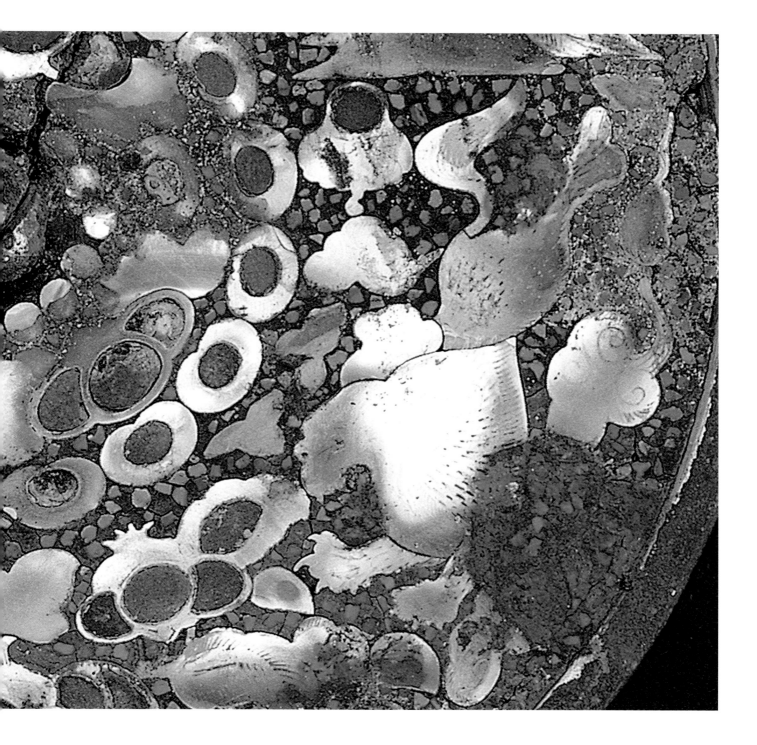

044 괴수무늬

화각십장생문함 華角十長生紋函

조선 18세기, 국립고궁박물관, 높이 37.5cm 너비 71.0cm 길이 37.8cm

Beast Pattern

Chest Adhered with painted Ox-horn Sheet

Joseon dynasty, 18th century, The National Palace Museum of Korea

뚜껑의 끝부분을 모죽임하여 검은색 경계선을 둘렀는데 이는 고식古式의 상자를 변형한 형식이다. 윗면은 서른두 개의 면으로 분할하고 네 가지 패턴의 구름에 싸인 학과 봉황을 여덟 줄로 배치하였다. 바닥면에 가까운 1단에는 물과 관련된 거북, 물고기, 연꽃, 용 등을 소재로 한 무늬를 배치하고, 그 위의 3단에는 사슴, 괴수, 호랑이 등 길짐승무늬를, 5단인 뚜껑 부분에는 나비, 새 등의 날짐승무늬를 중심으로 한 민화풍 그림들을 배열하였다. 이 함에는 170여 개의 서로 다른 화각 그림을 그렸는데, 소 85마리의 쇠뿔을 쓴 대작이다.

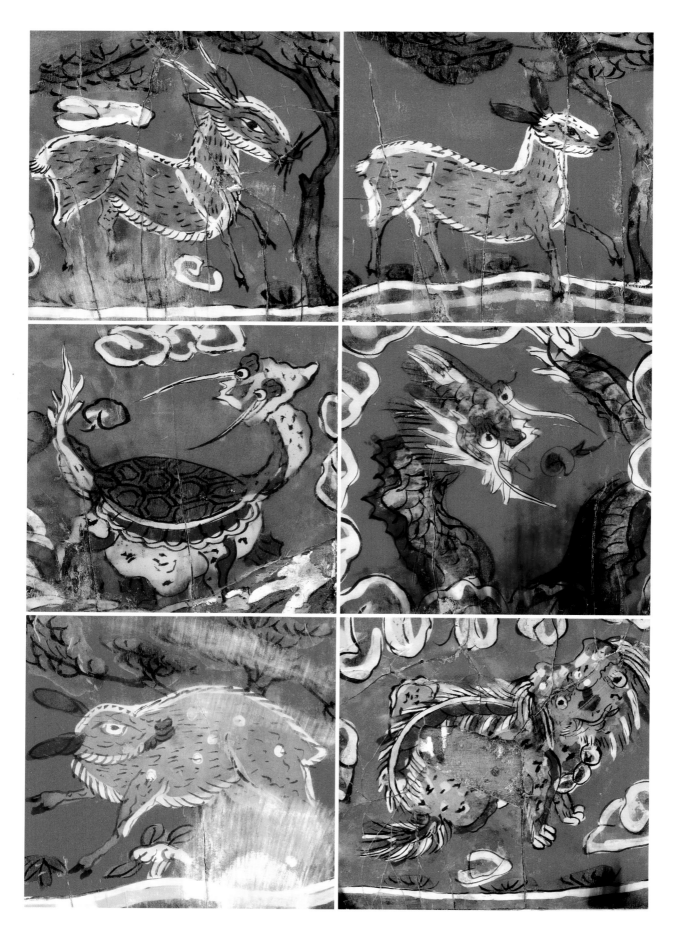

045 괴수무늬

화각사령문함 華角四靈紋函
조선 19세기, 호림박물관, 높이 16.7cm 너비 24.9cm 길이 16.7cm

Beast Pattern
Chest Adhered with painted Ox-horn Sheet
Joseon dynasty, 19th century, Horim Museum

장축과 단축의 비례가 약 2 대 1로 장축의 면만을 둘로 나누어 각 구획에 큼직한 화각을 장식
한 직사각형 함이다. 윗면의 각 구획에는 봉황을 한 마리씩 배치하여 서로 마주보도록 구성하
였고, 앞면과 뒷면에는 사자와 사슴을 한 쌍씩 그려 넣었다. 그리고 양 옆면에는 동일한 구도
의 용을 각기 한 마리씩 한 쌍을 배치하였다. 즉 모두 네 가지 동물무늬를 한 쌍씩 그려 넣은
셈이다. 화각은 붉은 바탕에 초록색을 주로 사용하여 다소 어두운 감이 있으나 각 모서리에
무늬 면의 크기를 고려하여 굵게 대모를 둘러 마감하여 단조로움을 피하였다.

046 괴수무늬

화각장생문삼층장 華角長生紋三層欌

20세기 초, 국립고궁박물관, 높이 126.4cm 개판 너비 39.3cm 몸통 너비 38.0cm 개판 길이 84.0cm 몸통 길이 76.2cm

Beast Pattern

Wardrobe Adhered with painted Ox-horn Sheet

Early in the 20th century, The National Palace Museum

여닫이문을 제외한 각 층의 머름칸과 서랍칸 등 모든 면을 화각으로 장식한 삼층장이다. 화각은 모두 노란 바탕에 붉은색을 주로 한 무늬들을 배치하였으며 붉은 나무의 빛깔과 잘 어울린다. 머름칸에는 주로 모란, 국화, 연꽃 등의 식물무늬를 배치하고 쥐벽칸에는 호랑이, 사자, 학, 사슴 등의 동물무늬를 각각 대칭으로 한 쌍씩 배치하였다. 화각의 박락이나 들뜸이 심하여 도안 원형을 알아보는 데 어려움이 있다.

047 호랑이무늬

화각장생문함 華角長生紋函
조선 19세기, 경기도박물관, 높이 15.0cm 너비 22.7cm

Tiger Pattern
Chest Adhered with painted Ox-horn Sheet
Joseon dynasty, 19th century, Gyeonggi Provincial Museum

홍송紅松에 화각 장식을 한 함으로 뚜껑 가장자리는 검정색으로 모죽임하였다. 윗면은 네 면
으로 구획하여 학과 봉황을 각각 대각선으로 마주보도록 배치하였다. 네 옆면은 중심 무늬를
각각 두 면씩으로 분할하였으며 사슴, 호랑이, 새 등의 무늬들을 다채롭게 배열하였다. 중심
무늬의 양 가장자리에는 여러 가지 꽃무늬를 시문하였다. 화각은 붉은색을 바탕으로 초록색
과 갈색을 주로 하여 무늬를 표현하였다.

048 호랑이와 소나무무늬

나전송호문베갯모 螺鈿松虎紋枕板

조선 19세기 말~20세기 초, 국립민속박물관, 지름 21.5cm

Tiger and Pine Tree Pattern

Lacquered Pillow-end Plaque Inlaid with Mother-of-Pearl

Late in the 19th century ~ Early in the 20th century, The National Folk Museum of Korea

동일한 도안으로 구성된 한 쌍의 원형 베갯모이다. 베갯모의 일반적인 테두리 무늬인 거치무늬와 삿자리무늬띠를 베갯모의 윤곽을 따라 둘렀으며 그 안에 소나무와 호랑이무늬를 민화풍으로 시문하였다. 중심 무늬인 소나무와 호랑이는 비교적 큰 자개를 이용하여 통으로 주름질하였으며 나무 등걸이나 소나무 잎, 호랑이의 세부 표현 등을 모조법을 사용하여 세밀하게 묘사하고 그 밖에는 끊음질 기법을 사용하여 표현하였다.

049 사슴과 소나무무늬

화각장생문빗접 華角長生紋梳函
조선 18세기 후반, 국립중앙박물관, 높이 20.5cm 너비 24.0cm 길이 24.0cm

Deer and Pine Tree Pattern
Chest Adhered with painted Ox-horn Sheet for Storaging combs
Joseon dynasty, Second half of the 18th century, The National Museum of Korea

거울이 없는 빗접으로 뚜껑 모서리를 모죽임한 고식이다. 뚜껑과 앞면에 넓은 경계선을 그어 못을 박았고 그 밖의 면은 가는 소뼈로 면 분할을 하였다. 윗면에는 네 면으로 분할하여 무늬를 넣었는데 일반적인 사분할 면의 무늬가 학, 봉황과 같은 서조瑞鳥에 한정되는 데 비해 이 경우에는 학 두 마리와 봉황, 호랑이를 각각 한 마리씩 배치한 점이 특이하다. 앞면은 세 단으로 나누어 여섯 등분하고 1단과 3단에는 상서로운 새와 동물들을 함께 배치하였으며, 2단에는 잣베개의 마구리를 연상케 하는 원형무늬 네 개를 일렬로 배열하였다. 옆면에는 각각 사슴 한 쌍, 괴수 한 쌍, 호랑이와 용 등의 도안을 배치하고 그 주변을 학과 꽃무늬 등으로 메웠다. 화각은 붉은색 바탕에 초록색과 노란색, 흰색을 중심으로 무늬를 시문하여 앞서 살펴본 화각함들에 비해 경쾌한 느낌을 자아낸다.

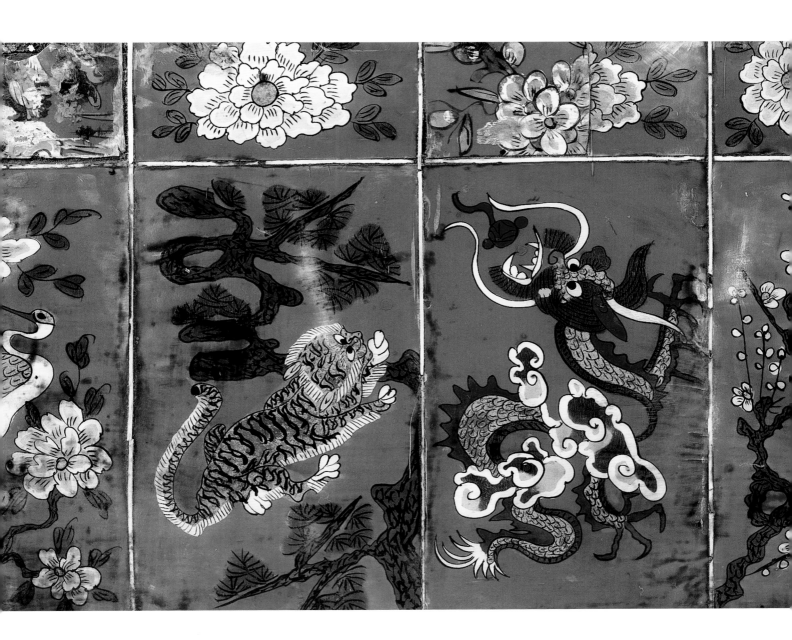

사슴무늬

나전십장생문문갑 螺鈿十長生紋文匣
20세기 초, 국립고궁박물관, 높이 38.0cm 너비 87.3cm 길이 29.1cm

Deer Pattern
Lacquered Wardrobe Inlaid with Mother-of-Pearl
Early in the 20th century, The National Palace Museum of Korea

문갑은 문서나 문구文具 등을 넣어두거나 완상품玩賞品을 진열하는 가구이다. 문갑의 윗면에는 산수무늬와 화조무늬를 혼첩하여 시문하였는데, 산수무늬는 아래쪽과 양 끝단에 치중하여 원근법을 적용하여 표현하고 그 사이에서 뻗어 나오는 모란과 새무늬를 산수무늬에 비해 크게 확대하여 강조하였다. 앞면에는 네 개의 문을 각각 하나의 면으로 활용하여 봉황과 오동나무무늬, 사슴과 복숭아무늬, 거북과 연꽃무늬, 학과 소나무무늬를 한 폭씩 담고 있다. 여기에 표현된 동물들은 다른 예들과 마찬가지로 모두 쌍으로 표현되어 있으며, 앞면과 각 면의 테두리는 아자무늬띠를 둘러 장식하였다. 동물이나 꽃, 나무 등의 큰 무늬는 주름질과 모조법을 병용하고, 그 밖의 산수무늬는 끊음질 기법을 사용하여 세밀하게 표현하였다. 주칠의 바탕과 청패의 나전이 어우러져 매우 화려하므로 궁중이나 상류층의 안방 가구였던 것으로 짐작된다.

051 토끼무늬

화각장생문필통 華角長生紋筆筒
조선 19세기, 국립중앙박물관, 높이 12.5cm 너비 20.0cm

Hare Pattern
Brush Holder Adhered with painted Ox-horn Sheet
Joseon dynasty, 19th century, The National Museum of Korea

각기 다른 크기의 필통 세 개를 연결하고 화각으로 장식하였다. 이 경우에는 화각을 각 면마다
오려붙인 것이 아니라 넓은 면으로 감아 붙였다. 대부분의 화각 제품에 쓰이는 무늬는 기본형
이 도식화되어 있어 넓은 면과 검은 윤곽선이 일정하게 처리되어 있다. 그러나 이 필통의 경우
는 종이 위에 그림을 그리듯 자유로운 필치로 무늬를 그려 개성과 회화성을 느낄 수 있다. 각
면은 한 폭의 그림처럼 장면을 보여주고 있는데 길상을 의미하는 소재들이 결합하여 복합 무
늬를 이루고 있다. 특이한 것은 동물무늬에서 흔히 보이지 않는 토끼무늬인데 매화가지 옆에
귀가 짧은 두 마리 토끼를 묘사하였다. 화각은 노란색 바탕에 초록색과 갈색 등을 주로 사용하
여 화려함을 더하였다. 토끼무늬는 갈색과 붉은색을 이용하여 바탕색과 대조를 이루고 있다.

052 다람쥐와 포도넝쿨무늬

나전포도당초문함 螺鈿葡萄唐草紋函
조선 18~19세기, 경북대학교박물관, 높이 9.8cm 너비 46.5cm 길이 32.2cm

Squirrel and Grapevine Pattern
Lacquered Document Box Inlaid with Mother-of-Pearl
Joseon dynasty, 18th~19th century, Kyungbook University Museum

모든 면에 연결된 포도넝쿨과 다람쥐무늬를 시문한 서류함이다. 구조는 029 상자와 같으나 포도의 잎맥이 029 서류함에 비해 투박하고 성기게 표현되었으며 부착할 때 표면이 고르지 못한 탓으로 생긴 균열이 보인다. 윗면에는 포도넝쿨무늬와 함께 다람쥐를 그렸는데, 대담하게 표현한 포도넝쿨무늬와 대조적으로 아기자기하고 작게 시문하였다. 전체적으로 주름질 기법을 썼다.

053 다람쥐무늬

나전화조문반짇고리 螺鈿花鳥紋裁縫箱子
조선 19세기, 국립중앙박물관, 높이 9.2cm 너비 36.5cm 길이 36.5cm

Squirrel Pattern
Lacquered Workbox Inlaid with Mother-of-Pearl
Joseon dynasty, 19th century, The National Museum of Korea

바느질 도구를 담아두는 반짇고리에는 안팎을 맵시 있게 꾸며 장식하는 경우가 많다. 이 반짇
고리는 검정과 붉은 옻칠을 한 고급품으로, 바늘, 단추 등을 따로 넣을 수 있게 안쪽 모서리에
뚜껑 있는 작은 칸을 두었다. 안쪽 바닥의 중앙에는 대나무무늬를, 뚜껑에는 모란 가지 하나
를 간소하게 배치하였으며, 바깥쪽 네 면에는 얇은 끊음질 상사로 외곽을 두르고 매화와 물고기,
모란과 새, 포도와 다람쥐 등을 시문하였다. 17, 18세기에는 028 상자, 029 서류함과 같이 포도
무늬가 중심 무늬로 기면 전체에 시문되는 경우가 대부분이었다. 반면, 19세기 이후에는 기존
의 방식대로 기면 전체를 차지하는 경우도 있으나 보조 무늬로 기능이 약화되는 현상이 나타
난다. 다람쥐무늬는 단독으로 표현되는 예가 없으며 포도무늬와 결합하여 포도다람쥐무늬로
구성된다. 이러한 포도다람쥐무늬는 19세기 이후에 출현하며 앞서 언급한 바와 같이 기면의
중심무늬이기보다 보조 무늬로 주로 사용된다.

나전십장생문함 螺鈿十長生紋函

조선 19세기, 국립중앙박물관, 높이 28.8cm 너비 47.3cm 길이 28.2cm

The Longevity Pattern

Lacquered Chest Inlaid with Mother-of-Pearl

Joseon dynasty, 19th century, The National Museum of Korea

윗면에는 도안화된 수자무늬를 중심으로 학과 복숭아무늬를 대칭으로 배치하였다. 앞면에는 자물쇠 앞바탕을 면의 중앙부에 길게 대고 아亞자 모양 구획을 이용해 둘로 분할하였으며 각각 거북과 복숭아무늬, 사슴과 소나무무늬를 배치하였다. 자물쇠 앞바탕 아랫부분도 비워두지 않고 독립된 공간으로 활용하여 모란꽃무늬를 시문하는 등 전체 면을 무늬로 가득 메웠다. 양 옆면에는 사군자무늬의 소재인 매화와 대나무무늬를 풍성하게 표현하였다. 십장생무늬 중 동물들은 한 쌍으로 표현되는 것이 일반적이다. 이 함에 나타난 장생의 동물들도 두 마리씩 짝지어 배치하여 장수와 함께 부부 사이의 금슬을 기원하는 의미를 담았다. 이러한 소재들은 문자무늬와 더불어 길상 의미를 상징적으로 표현하는 것으로 조선시대 후기의 대표적인 도안 구성이라 할 수 있다.

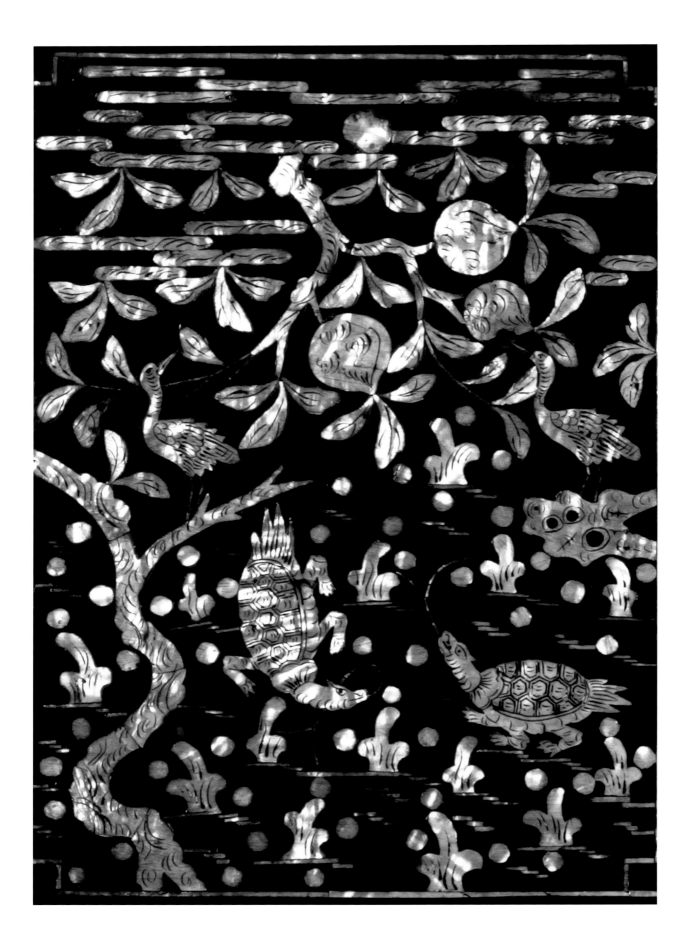

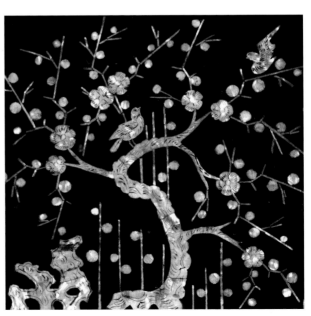

나전십장생문경상 螺鈿十長生紋經床
조선 19세기, 디아모레뮤지움, 높이 23.8cm 너비 55.0cm 길이 27.0cm

The Longevity Pattern
Lacquered Sutra Reading Desk Inlaid with Mother-of-Pearl
Joseon dynasty, 19th century, The Amore Museum

천판과 운각, 족통에 이르기까지 전체 면에 나전 장식을 한 경상이다. 윗면에는 모란넝쿨무늬 띠를 가장자리에 두르고 그 안에 한 폭의 그림과 같이 회화적인 십장생을 표현하였다. 시문 방법을 살펴보면 전체적인 무늬는 주름질한 자개를 사용하고, 얇은 선으로 표현된 산이나 바닥면의 경우에는 끊음질로 이어 붙였다. 대나무와 소나무를 양쪽 가장자리에 배치하고 학과 사슴을 각각 한 쌍씩 양쪽에 나누어 배열하는 등 대칭 구도를 유지하려 하였다. 그럼에도 불구하고 경직된 느낌이기보다 회화적인 분위기를 자아내는 것은 사용된 기법이 섬세하기 때문이라 할 수 있다. 변죽의 측면에는 같은 간격으로 정면형의 꽃무늬를 배열하였으며 운각 부분에도 운두형 풍혈 두 개를 투각하고 그 여백에 도안화된 꽃무늬를 새겼다. 다리와 중대 부분에도 모란넝쿨무늬와 도안화된 꽃무늬를 넣고 다리의 안쪽으로 넝쿨무늬를 새긴 투각 장식을 하는 등 매우 화려하게 장식하였다. 복잡 다양한 무늬를 곳곳에 배치한 반면 여백을 적절히 사용하여 조잡하게 보이지 않도록 배려한 점이 특기할 만하다.

056 십장생무늬

나전십장생문베갯모 螺鈿十長生紋枕板

조선 19세기 후반~20세기 초, 숙명여자대학교박물관, 너비 12.8cm 길이 12.8cm

The Longevity Pattern

Lacquered Pillow-end Plaque Inlaid with Mother-of-Pearl

Joseon dynasty, Second half of the 19th ~ Early in the 20th century, Sookmyong Women's University Museum

같은 도안을 시문한 사각형의 베갯모 한 쌍이다. 두꺼운 봉 상사를 이용하여 나전 무늬가 배치될 구획을 두르고 그 안에 연접하여 끊음질로 아자무늬띠를 둘렀다. 중심 무늬로는 사슴, 거북, 대나무, 소나무, 영지, 학, 달 등의 십장생을 사용하였다. 주름질과 끊음질을 적절히 혼용하여 사실적으로 표현하였으며 전체적으로 화려한 분위기를 자아낸다.

057 십장생무늬

나전십장생문이층농 螺鈿十長生紋二層籠

19~20세기, 국립민속박물관, 높이 126.8cm 너비 87.0cm 길이 47.5cm

The Longevity Pattern

Lacquered Compound Wardrobe Inlaid with Mother-of-Pearl

19th~20th century, The National Folk Museum of Korea

가구의 원재료인 오동나무의 질감을 살리고 나전의 시문 부위를 문판으로 한정하여 절제미를 보여주는 조선시대 후기의 이층농이다. 문판에는 장수를 기원하는 소나무, 학, 영지, 대나무, 사슴 등의 십장생무늬를 배치하고 주변에 아자무늬띠를 둘러 화면의 짜임새를 주었다. 또한 문판의 무늬 시문 부위에는 흑칠을 하고 자개를 상감하여 시각적 대비 효과를 유도하였으며 한 폭의 액자 그림을 연상하게 한다. 이 농의 십장생무늬는 주름질과 끊음질을 적절히 이용하여 비교적 사실적으로 표현하였다.

058 십장생무늬

화각십장생문함 華角十長生紋函

19세기 말~20세기, 삼성미술관 리움, 높이 27.3cm 너비 47.2cm 길이 27.8cm

The Longevity Pattern
Chest Adhered with painted Ox-horn Sheet
Late in the 19th ~ 20th century, Leeum

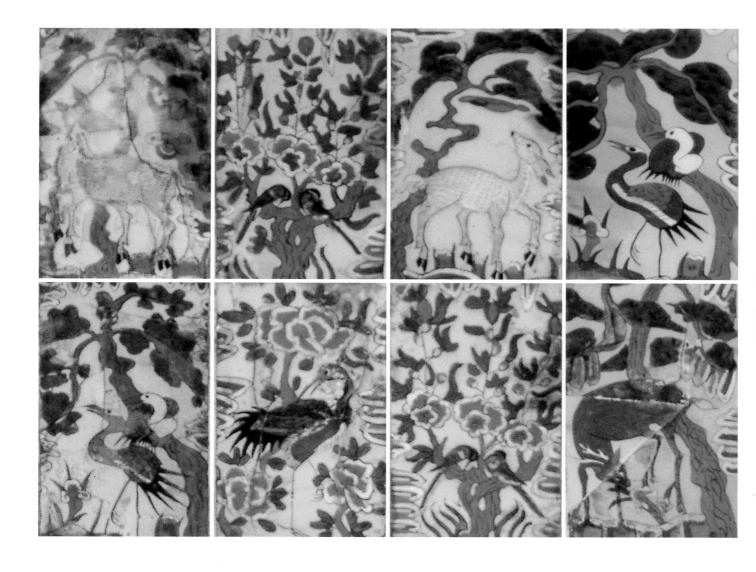

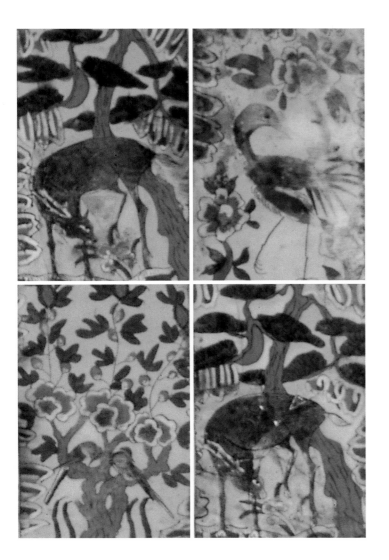

뚜껑의 모서리를 모죽임한 효과를 얻기 위해 검은색에 가까운 초록색으로 띠를 둘렀다. 화각함의 바탕은 대부분 붉은색이며, 노란색은 화각척과 소형장 그리고 농의 앞바탕 일부분에서 보이나 흔치 않다. 그것은 노란색 바탕이 너무 강렬하여 무늬를 구성하는 색이 잘 돋보이지 않기 때문이다. 그러나 이 함의 화각은 바탕을 노란색으로 하고 붉은색과 초록색 등의 원색으로 중심 무늬를 칠하였는데 매우 화려하고 다채롭다. 윗면에는 쌍학과 봉황, 수壽자를 중심으로 박쥐무늬를 네 귀퉁이에 배치한 도안 세 가지를 반복 배치하였다. 뚜껑의 앞뒤와 양 옆면에는 모란과 박쥐무늬로 띠를 둘렀고, 그 밖의 넓은 면에는 구름과 용, 구름과 물결, 거북, 모란과 학, 소나무와 사슴, 매화와 새를 시문하였다. 무늬의 검은 먹선은 가늘어지고 사실적으로 표현했으며 박쥐무늬가 출현하는 것으로 보아 19세기 말에서 20세기 초에 제작된 것으로 짐작된다.

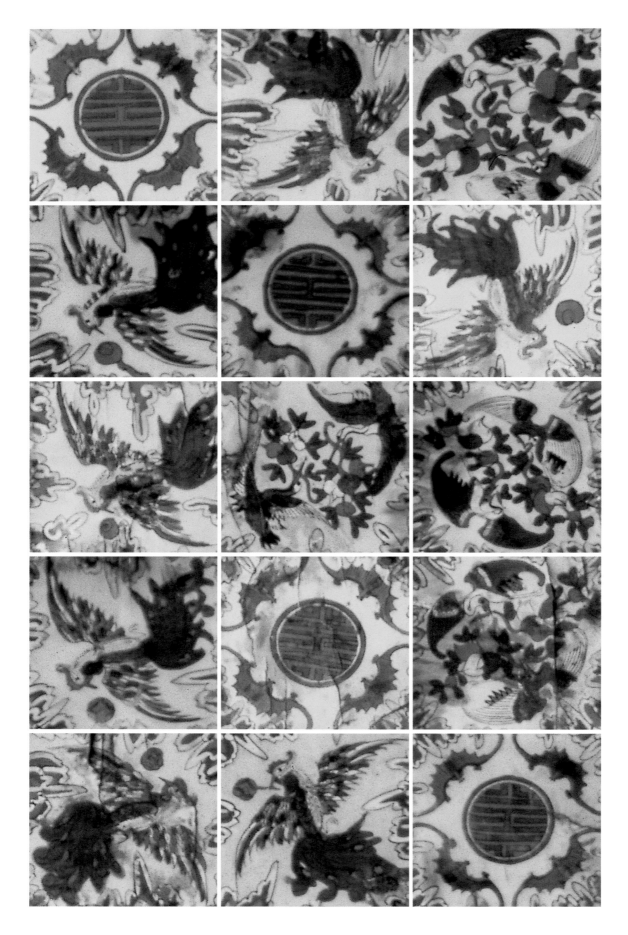

059 십장생무늬

나전십장생문함 螺鈿十長生紋函

20세기 초, 숙명여자대학교박물관, 높이 23.7cm 너비 37.3cm 길이 22.0cm

The Longevity Pattern

Lacquered Chest Inlaid with Mother-of-Peal

Early in the 20th century, Sookmyong Women's University Museum

주름질, 모조법과 끊음질을 활용하여 제작한 여성용 자개함이다. 윗면의 중앙에는 원형으로 도안된 수壽자를 두고 좌우에 복숭아와 학을, 양 옆면에는 석류와 물고기를 모조법으로 성글 게 시문하였고, 흑칠 바탕의 앞면에는 십장생무늬를 한 폭에 담았다. 이 함의 앞면 십장생무 늬의 표현을 보면 끊음질을 주로 하여 화면을 가득 메우고 있는데 이는 조선시대 말기 나전 공예의 흐름을 잘 보여주는 예라 할 수 있다. 한편, 이와 같은 장수나 다산을 의미하는 무늬는 장과 농, 좌경과 빗접, 반짇고리 등 여성 용품에 주로 애용하였다.

060 학과 구름무늬

나전운학매조죽문상자 螺鈿雲鶴梅鳥竹紋箱子
조선 18세기, 국립중앙박물관, 높이 10.0cm 너비 27.5cm 길이 27.5cm

Crane and Cloud Pattern

Lacquered Box Inlaid with Mother-of-Pearl

Joseon dynasty, 18th century, The National Museum of Korea

정사각형 상자의 윗면에는 여의두무늬를 같은 간격으로 배치한 띠를 두르고, 중앙에 마름꽃 모양의 창을 구획하여 그 안에 학 두 마리를 마주보게 배치하였다. 학은 주름질로 자개를 오려 그 세부 형태를 나타냈는데 몸과 날개, 꼬리 등의 표현을 달리하여 변화를 주었다. 학 주위에는 구름을, 창 바깥의 네 모서리에는 꽃 한 송이씩을 두었다. 구름무늬는 만卍자 모양으로 이와 유사한 예를 18세기 무렵의 백자에서도 찾아볼 수 있으며 이 시기 유행했던 구름무늬의 한 형태이다. 옆면 양 귀퉁이에는 부채꼴로 구획하고 그 안에 두 면을 접합하면 한 송이의 모란꽃 형상을 이루도록 수직 분할된 모란꽃 반송이씩을 대칭으로 배치하였다. 중심에는 각각 매화와 새, 대나무, 소나무, 난초의 사군자무늬로 장식하였다. 마름꽃 모양 창 안에 중심 무늬를 배치하는 구성은 고려시대 말의 상감청자나 금속기에서도 흔히 찾아볼 수 있다. 이러한 유형은 나전칠기에서는 조선시대 중기 이후에 주로 나타나는데, 구획 안에는 선회하는 학 한 쌍과 그 주변에 구름무늬를 두는 구성을 주로 하였다. 옆면의 무늬는 조선시대 중기 작품에서 흔히 볼 수 있는 기법인 타찰법을 이용하여 균열을 주었다.

215

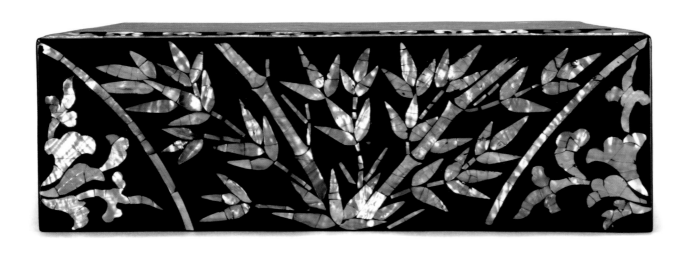

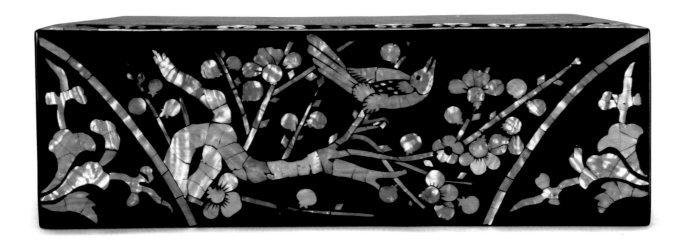

061 학과 복숭아무늬

나전매조죽학문함 螺鈿梅鳥竹鶴紋函
조선 18~19세기, 서울역사박물관, 높이 28.2cm 너비 49.0cm 길이 28.4cm

Crane and Peach Pattern
Lacquered Chest Inlaid with Mother-of-Pearl
Joseon dynasty, 18th~19th century, Seoul Museum of History

동일한 형태와 무늬로 된 단층의 함을 2단으로 쌓은 것으로 무늬의 구도가 054 함과 매우 흡사하다. 윗면에는 수자무늬 원형 도안을 중심으로 양쪽에 복숭아와 학무늬를 대칭으로 배치하였다. 이처럼 문자무늬를 중심으로 복숭아와 함께 학이 표현될 때는 주로 학이 날개를 펼치고 나는 모습으로 묘사되는데 이와 같은 무늬는 정형화되어 크게 유행하였다. 앞면은 자물쇠 앞바탕을 중심으로 둘로 분할하고 앞의 좌우 두개의 면은 아亞자 모양으로 구획하였다. 그 안에 각각 학과 대나무무늬, 매화와 새무늬를 시문하였다. 그리고 앞바탕 아랫부분에도 남는 공간을 활용하여 모란 한 송이를 시문하였다. 옆면에도 똑같이 아자 모양으로 구획을 하여 그 안에 식물무늬를 배치하였다. 구획 안에 들어가는 중심 무늬의 종류가 학, 대나무, 매화이며 구획 안의 무늬가 성글 뿐 무늬 구성 형식은 앞서 보았던 054 함과 동일하다. 이렇게 다양한 소재를 한 기물에 혼재하도록 표현하는 형식이 정형화되는 것은 1900년대 전후한 시기이며, 이는 이 시기 나전 공예품의 특징이다.

062 학과 소나무무늬

나전장생문반짇고리 螺鈿長生紋載縫箱子
조선 19세기, 국립민속박물관, 높이 13.7cm 너비 37.5cm 길이 37.5cm

Crane and Pine Tree Pattern
Lacquered Workbox Inlaid with Mother-of-Pearl
Joseon dynasty, 19th century, The National Folk Museum of Korea

덮개가 없는 정방형의 반짇고리로 각 면에는 송학·매조무늬, 모란과 나비무늬, 대나무무늬를 주름질 기법으로 시문하였다. 변죽의 윗면에는 양 가장자리를 금속선을 꼬아 두르고 그 안쪽에 원무늬를 같은 간격으로 배치하였다. 옆면에는 삼각거치무늬를 연속하여 시문하였다. 그리고 내부 중앙에는 도안화된 수壽자, 서랍간에는 전서체의 수부다남壽富多男 문자를 배치하는 등 다산多産과 장수長壽를 기원하는 의미의 무늬를 장식하였다. 학무늬는 소나무와 함께 표현되었는데 한 폭의 그림과 같이 화면을 구성하였다. 무늬 시문 기법으로 쓰인 주름질의 형태는 자개를 오리는 기술이 부족한 장인이 만든 듯 전체적으로 모양이 깔끔하지 못한 편이다.

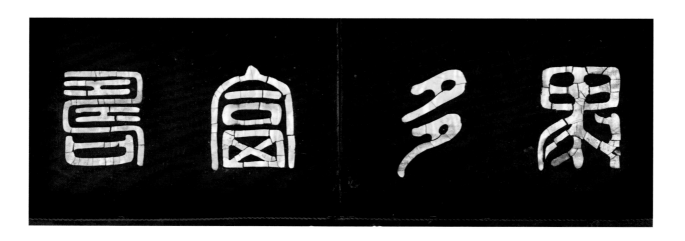

063 학과 복숭아무늬

나전도학문침 螺鈿桃鶴紋枕
19~20세기 초, 국립중앙박물관, 높이 13.3cm 너비 24.6cm

Crane and Peach Pattern
Lacquered Headrest Inlaid with Mother-of-Pearl
19th~20th century, The National Museum of Korea

운두형雲頭形의 양 끝을 만곡시킨 형태로 윗판과 아랫판 사이에 가는 기둥 세 개를 세운 목침이다. 기형은 흔히 팔걸이로 알려진 사랑 가구의 형태인데, 높이가 13cm가량에 불과하여 두침頭枕으로 변형하여 만든 것이 아닌가 생각된다. 칠은 초벌로 주칠을 한 뒤 자개를 놓고 흑칠하는 이중 도장을 하였다. 윗판 윗면의 가장자리에는 기형의 굴곡을 따라 끊음질 상사로 얇은 외곽선을 두르고, 그 안에는 복숭아나무를 중심으로 양쪽에 물가에 있는 학 두 마리를 마주보게 하였다. 학은 몸 전체를 한 장의 자개로 오려 표현하고 세부를 선각으로 묘사하고 있다. 밑판에는 마름꽃 모양의 꽃잎으로 구성된 국화 몇 송이를 듬성듬성 놓아 윗판과 대조를 이루었다. 이러한 무늬 구성은 19세기 말에서 20세기 초에 걸쳐 흔히 보이는 민수용 도안이다.

064 학과 매화무늬

나전사군자문반짇고리 螺鈿四君子紋裁縫箱子
19~20세기, 일본 고려미술관, 높이 10.2cm 너비 32.0cm 길이 32.0cm

Crane and Plum Blossom Pattern
Lacquered Workbox Inlaid with Mother-of-Pearl
19th~20th century, Koryo Museum of Art, Japan

옆 네 면이 나전으로 장식된 반짇고리이다. 각 면의 무늬가 모두 다른데 꽃과 새 한 쌍, 매화와
학 한 쌍, 물고기 등을 주제로 하고 있다. 두 마리의 학이 머리를 마주하고 서로를 바라보며 같
은 방향으로 걷고 있다. 대부분 주름질을 이용하였으며 일부 나뭇가지와 풀, 바위, 학의 다리
부분만 끊음질로 시문하였다. 이음새 부분에는 모두 망두^{望頭}형 거멀 장식을 부착하였는데 그
크기나 배치가 어색하다.

065 학무늬

나전장생문빗접 螺鈿長生紋梳函
조선 19세기 말~20세기 초, 경북대학교박물관, 높이 28.0cm 너비 27.7cm 길이 26.6cm

Crane Pattern

Lacquered Chest Inlaid with Mother-of-Pearl for Storaging combs

Joseon dynasty, Late in the 19th century ~ Early in the 20th century, Kyungbook National University Museum

뚜껑이 없는 빗접의 형태로 앞면에만 나전을 시문하였다. 앞면을 삼단으로 나누고 1 · 3단은 한 칸, 2단은 둘로 분할하여 서랍 두 칸을 만들었다. 무늬는 서랍 단위와는 별개로 각 단을 둘로 분할하여 얇은 끊음질 상사로 사각 구획을 하였다. 1단에는 수면을 헤엄치는 거북 한 쌍과 원앙 한 쌍을, 3단에는 봉황 한 쌍과 대나무, 학 한 쌍과 소나무, 영지무늬를 배치하고, 2단에는 귀갑무늬를 양쪽에 동일하게 시문하였다. 학은 소나무 · 영지 등과 함께 장생무늬의 일부로 사용되었는데 한 쌍이 마주보는 쌍학무늬이다. 주름질로 된 학과 영지에 비해 배경이 되는 소나무와 바위는 끊음질로 표현하여 대조를 이룬다. 2단의 경우에는 이전에 보조 무늬의 위치에 있던 기하무늬가 중심 무늬로 쓰이기 시작한 예로 당시의 무늬 양상을 가늠해볼 수 있는 좋은 예라 할 수 있다.

066 학무늬

화각학문실패 華角鶴紋絲捲
19~20세기, 국립민속박물관, 두께 1.3cm 너비 10.1cm 길이 4.1cm

Crane Pattern
Spool Adhered with painted Ox-horn Sheet
19th~20th century, The National Folk Museum of Korea

실패는 부녀자들이 애용하는 일상 침선도구針線道具 가운데 하나이다. 특히 화각실패는 조선 시대 후기 내방內房 공예품을 대표하는 품목이다. 이 실패는 판형으로 가운데 학 한 쌍을 중앙 에 시문하였다. 검은색으로 속도감 있게 학의 윤곽을 그리고 내부는 초록색, 흰색, 빨간색으로 채색하였다. 두 마리가 모두 형태는 동일하나 한 마리가 부리를 크게 벌리고 있다. 단순한 구 도의 무늬임에도 화각 자체의 색감 덕분에 화려함을 느낄 수 있다.

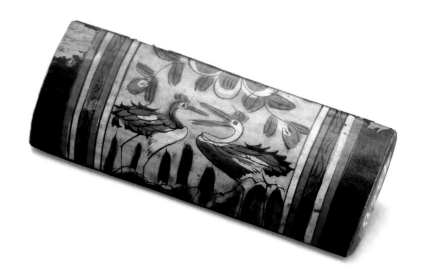

067 원앙무늬

나전원앙문베갯모 螺鈿鴛鴦紋枕板

조선 19~20세기 초, 국립중앙박물관, 지름 10.7cm

Mandarine Duck Pattern

Lacquered Pillow-end Plaque Inlaid with Mother-of-Pearl

Joseon dynasty, 19th ~ Early in the 20th century, The National Museum of the Korea

조선시대 후기에는 나전칠기의 수요 계층이 확대되면서 일반 기물에도 나전이 시문되고, 무늬도 십장생, 수복壽福자 등 길상적 의미의 소재들로 다양화된다. 나전 베갯모는 이러한 시류를 반영한 것으로 주로 십장생 · 원앙 · 호랑이 · 수복자무늬로 장식하였다. 이 나전 베갯모는 연꽃이 핀 연못을 노니는 원앙 한 쌍을 표현하였다. 원앙과 연꽃무늬는 주름질한 위에 선각하여 그 세부를 표현하였으나 다소 거칠게 묘사하였다. 한편, 연꽃과 수초 줄기의 시원스런 수직감과 수평의 잔잔한 물살 위를 미끄러지듯 다가서는 오리 한 쌍이 일으키는 물결무늬는 서로 대조를 이룬다.

068 새와 매화무늬

나전운봉화조문빗접 螺鈿雲鳳花鳥紋梳函
조선 17~18세기, 국립중앙박물관, 높이 26.5cm 너비 26.5cm 길이 26.5cm

Bird and Plum Blossom Pattern
Lacquered Chest Inlaid with Mother-of-Pearl for Storahing combs
Joseon dynasty, 17th~18th century, The National Museum of Korea

모든 면을 빈틈없이 장식한 나전빗접이다. 윗면에는 반화형무늬를 어긋나게 매겨 가장자리
를 두르고, 마름꽃 모양으로 구획을 하여 그 안에는 봉황 한 쌍을, 바깥 네 모서리에는 정면형
의 모란무늬를 배치하였다. 가장자리를 반화형무늬로 두른 것은 고려시대 이래의 오랜 수법
이며, 마름꽃 모양 구획 안의 봉황은 기존의 학 도안을 대체한 것이다. 앞면은 3등분하고 아래
2단에 서랍을 설치하였으며 한 그루 모란을 통째로 시문하였다. 양 옆면과 뒷면에는 소나무
와 새 한 쌍, 여귀로 보이는 수초와 해오라기 한 쌍, 매죽과 새 한 쌍을 각각 배치하였다. 새와
매화무늬는 왼쪽 옆면에 사문되어 있는데 매화나무를 전면에 깔고 아래에는 대나무무늬, 위
에는 구름무늬를 배치하였다. 새는 화면 가운데에 있는데 머리를 뒤로 젖히고 꼬리를 바짝 세
워 몸을 U자 모양으로 만들고 있다. 비교적 사실적으로 묘사되어 사실화풍으로 가는 과도기
였던 당시 무늬의 특성을 엿볼 수 있다. 뚜껑의 옆면을 구름무늬로 둘러 몸체의 각 옆면에 시
문된 무늬들이 전체적으로 자연스레 어우러지도록 구성한 것이 특징이다.

069 새와 매화무늬

나전화조문함 螺鈿花鳥紋函
조선 18세기, 일암관, 높이 16.0cm 너비 36.0cm 길이 19.0cm

Bird and Plum Blossom Pattern
Lacquered Chest Inlaid with Mother-of-Pearl
Joseon dynasty, 18th century, Iramgwan Collection

윗면을 화조무늬로 장식한 이 함의 기형뿐 아니라 무늬 배치, 구도 면에서 같은 화조무늬 계열의 나전칠기와 비교하여 대담함이 엿보인다. 윗면에는 매화나무와 새 한 쌍을, 옆면에는 사군자무늬를 배치한 구성은 다른 것들과 크게 다를 바가 없다. 그러나 윗면 무늬의 중심이 되는 매화나무 가지가 함의 옆면에서 뻗어 올라가고, 옆면의 사군자무늬도 각 면에 대각선의 편파 구도로 시문한 점 등은 특기할 만하다. 섬세하게 주름질한 무늬뿐 아니라 꽃잎 등을 선각하여 사실적으로 묘사하고 있어 한 폭의 그림을 보는 듯한 느낌을 준다.

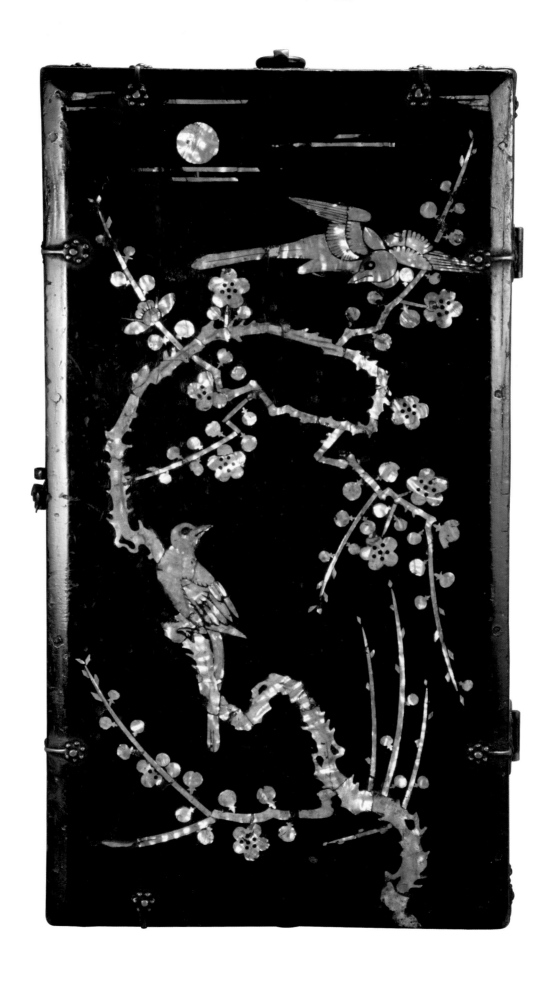

나전시구화조문필통 螺鈿詩句花鳥紋筆筒

조선 18세기, 일본 야마토문화관, 높이 16.3cm 지름 14.9cm

Bird and Plum Blossom Pattern

Lacquered Brush Holder Inlaid with Mother-of-Pearl

Joseon dynasty, 18th century, The Museum Yamato Bunkakan, Japan

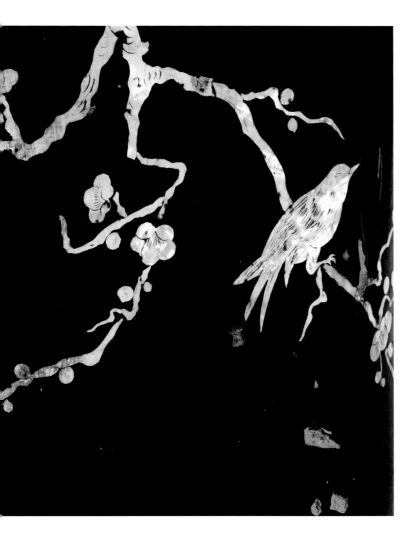

흑칠 바탕에 나전으로 무늬를 시문한 원형 필통이다. 필통의 옆면에는 구연부에서 뻗어 나온 매화가지와 그 가지 위에 앉아 있는 새 무늬를 주름질과 모조법을 이용하여 섬세하게 표현하였다. 그리고 이와 연결되게 세 줄의 시구가 흐르듯이 배치되어 있다. 이는 한 폭의 문인화를 연상하게 하여 당시 시대 조류를 가늠케 하는 예이다.

071 새·매화와 대나무무늬

나전화조문상자 螺鈿花鳥紋箱子
조선 18세기, 일암관, 높이 10.0cm 너비 30.5cm 길이 30.5cm

Bird, Plum Blossom and Bamboo Pattern
Lacquered Box Inlaid with Mother-of-Pearl
Josoen dynasty, 18th century, Iramgwan Collection

윗면에는 별도의 구획 없이 새 한 쌍과 매화, 대나무로 구성된 회화적인 화조무늬를 배치하고, 여백에는 구름무늬를 성기게 표현하였다. 옆면에는 각각 국화, 매화와 대나무, 대나무 등 사군자무늬를 배치하였으며, 각 면이 맞닿는 부위에는 2개씩 거멀 장식을 하여 결구를 보강하였다. 새와 매화무늬는 068 빗접과 유사한 구도로 당시 유행하던 화조무늬의 유형이다. 이와 같이 윗면에는 화조무늬를 중심 무늬로 배치하고, 옆 네 면에 사군자무늬를 보조 무늬로 사용하는 구성은 18, 19세기 정방형의 나전 상자에 주로 나타난다.

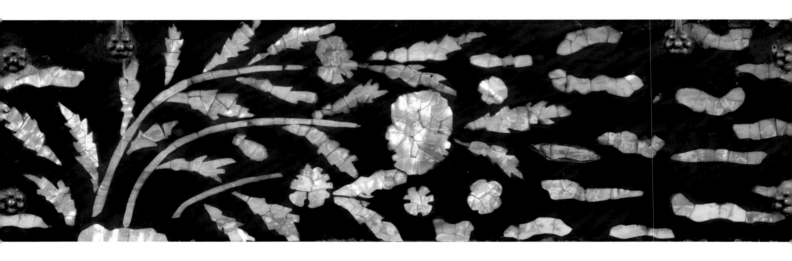

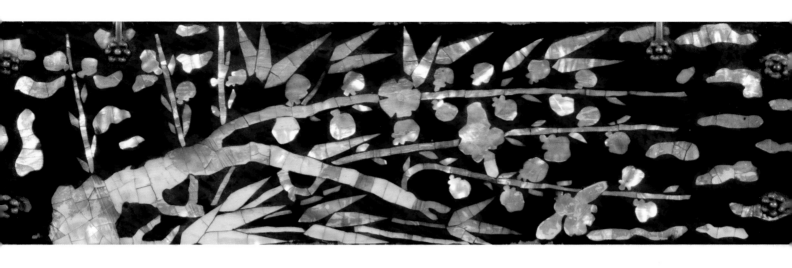

072 새와 매화무늬

나전화조문상자 螺鈿花鳥紋箱子
조선 19세기, 일본 고려미술관, 높이 9.5cm 너비 28.0cm 길이 28.0cm

Bird and Plum Blossom Pattern
Lacquered Box Inlaid with Mother-of-Pearl
Joseon dynasty, 19th century, Koryo Museum of Art, Japan

윗면에는 여의두무늬띠로 테두리를 두르고 그 안에 매화나무와 새 한 쌍으로 구성된 화조무
늬를 사실적으로 묘사하였다. 화조무늬는 조선시대 중기 무렵부터 나타나기 시작하여 조선시
대 후기에 이르면 중심 무늬로 자리 잡게 된다. 이 상자의 화조무늬는 부부의 화목을 뜻하는
새 한 쌍과 세한삼우歲寒三友의 하나로 절조와 우정을 상징하는 매화나무의 조합이다. 옆 네 면
에는 각각 대나무, 국화, 난초, 소나무로 구성된 사군자무늬를 배치하였다. 071 상자와 유사한
구성이나, 071 상자보다 정돈된 구성과 섬세한 묘사가 특징이다.

073 박쥐무늬

나전편복매죽수자문함 螺鈿蝙蝠梅竹壽字紋函
조선 19세기, 호림박물관, 높이 20.2cm 너비 38.7cm 길이 18.0cm

Bat Pattern
Lacquered Chest Inlaid with Mother-of-Pearl
Joseon dynasty, 19th century, Horim Museum

옆면과 뒷면을 제외한 면에는 모두 간단한 무늬를 표현하였다. 앞면에는 원형 구획 안에 수壽
자를 도안화한 무늬를 고리바탕의 좌우에 하나씩 대칭으로 배치하고, 좌우 옆면에는 각각 대
나무와 매화나무에 앉아 있는 새 한 쌍을 표현하였다. 윗면 원형 구획 안에는 박쥐 한 마리를
배치하였다. 박쥐는 몸을 M자 모양으로 나타냈는데 형태는 간결한 편이지만 사실적이며, 세
부 표현은 자세한 편이다.

074 나비와 모란넝쿨무늬

나전모란당초나비문상자 螺鈿牡丹唐草蝶紋箱子
조선 17~18세기, 국립중앙박물관, 높이 12.0cm 너비 28.0cm 길이 28.0cm

Butterfly, Peony and Vine Pattern
Lacquered Box Inlaid with Mother-of-Pearl
Joseon dynasty, 17th~18th century, The National Museum of Korea

전체 면에 흑칠을 하고 여백이 거의 없을 정도로 나전으로 화려하게 장식한 상자이다. 상자를
장식한 주요 무늬는 모란넝쿨로 활짝 핀 모란 꽃과 자유롭게 배치된 잎을 굽이진 줄기로 연결
하고 있으며, 그 사이사이로 나비가 날아들고 있다. 끝이 뾰족한 보주寶珠 형태의 씨방을 중심
으로 좌우로 날카롭게 뻗어 있는 꽃잎이 대칭을 이루면서 활짝 피어 있다. 꽃잎은 끝이 뾰족
하고 가장자리가 하트 모양이며, 줄기도 곡선과 직선의 형태로 불규칙적이어서 전체적으로
복잡하면서도 자유분방하다. 꽃봉오리와 잎은 줄기에 비해서 상대적으로 커서 비사실적이며,
타찰법으로 표현되어 느낌이 강렬하다. 나비는 모란넝쿨의 여백에 표현되었는데 나비의 특징
만을 추출하여 두 장의 날개와 몸통으로만 간략하게 나타내었다.

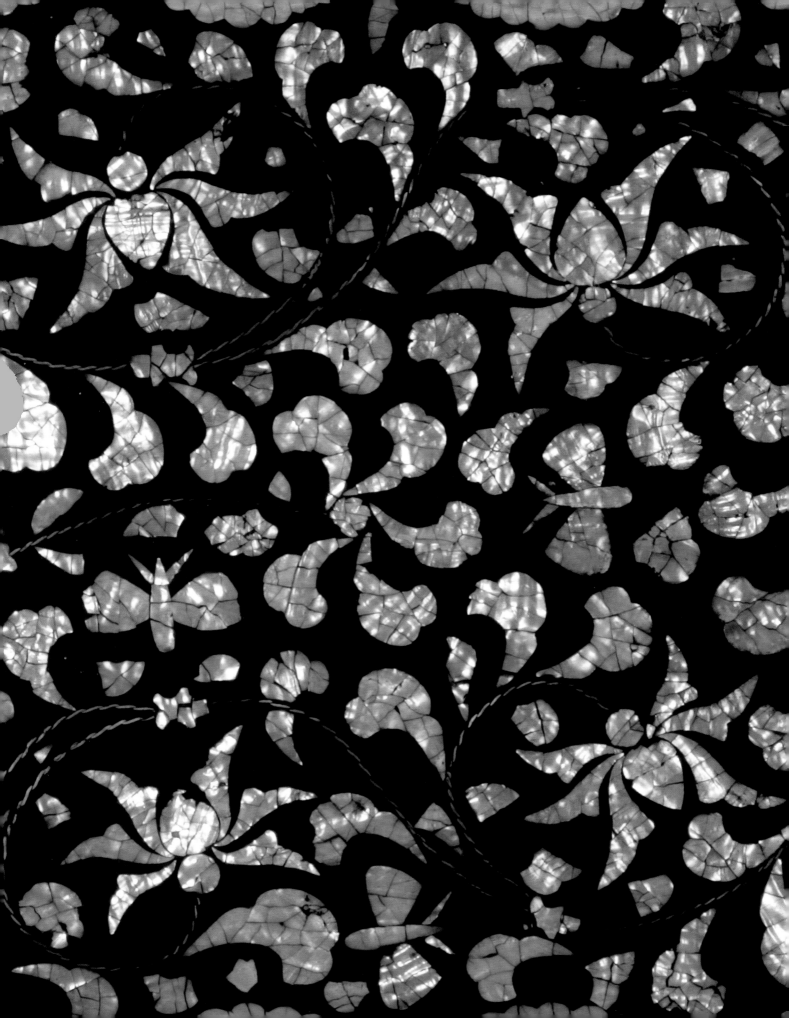

075 벌과 포도넝쿨무늬

나전포도당초문함 螺鈿葡萄唐草紋函
조선 18세기, 일본 고려미술관, 높이 12.5cm 너비 45.5cm 길이 32.6cm

Bee and Grapevine Pattern
Lacquer Document Box Inlaid with Mother-of-Pearl
Josoen dynasty, 18th century, Koryo Museum of Art, Japan

029 함과 같은 기형의 함이다. 함의 전면에는 흑칠이 되어 있고 포도송이를 향해서 날아드는 벌과 함께 포도송이를 쥐고 있거나 그 주변으로 모여드는 다람쥐를 표현하였다. 넓은 잎의 끝 부분이 서로 모이면서 그 좌우로 포도송이가 달려 있는 구도는 일정한 패턴이 있는 반면에 줄 기와 벌, 다람쥐의 배치는 자유로운 편이다. 이와 같이 포도넝쿨과 다람쥐를 결합하여 만든 무늬를 흔히 '포도다람쥐무늬'라고 하며, 조선시대 후기 공예품에 많이 나타난다. 포도는 석 류와 마찬가지로 많은 열매를 맺으므로 다산, 자손의 번영, 재물財物을 상징한다. 나전 공예품 에서는 포도다람쥐뿐 아니라 포도와 벌, 포도와 나비의 조합으로 구성된 무늬가 시문된 예도 많은데 이 함 역시 그중 하나이다. 벌은 상자 윗면 포도넝쿨 사이에 두 마리가 있는데 몸통과 다리, 더듬이, 날개 등을 사실적으로 표현하였다. 벌은 이 경우에서와 같이 단독 무늬로 쓰이 는 예는 없고 주로 식물무늬 주위에 보조 무늬로 배치되는 것이 일반적이다.

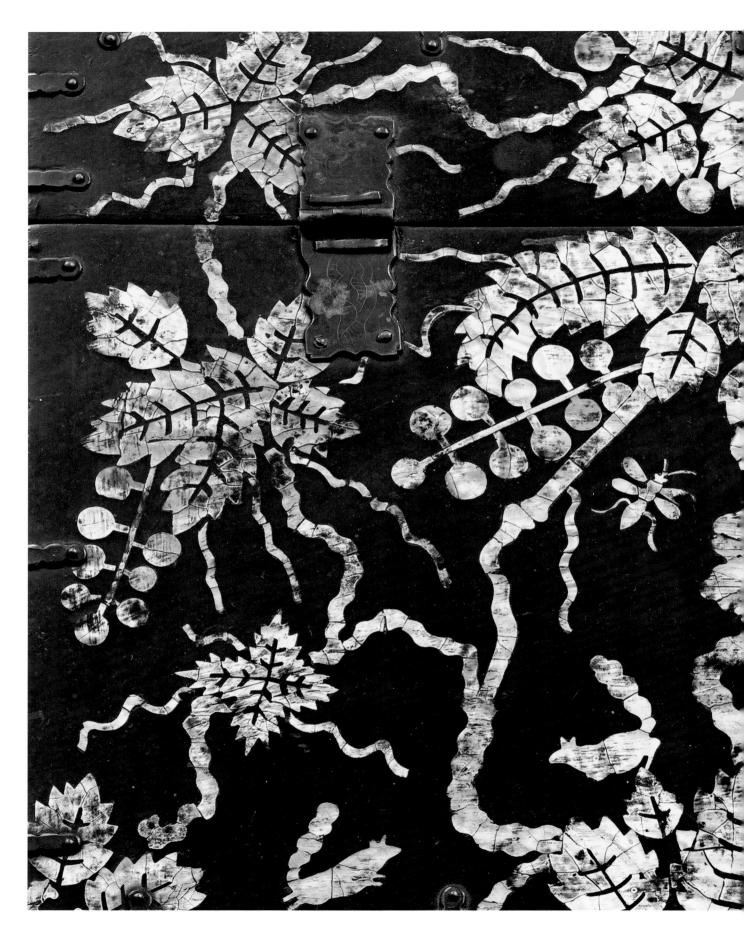

076 나비와 모란무늬

나전모란사군자문상자 蝶鈿牡丹四君子紋箱子
조선 18세기, 일본 도쿄국립박물관, 높이 9.0cm 너비 25.6cm 길이 25.4cm

Butterfly and Peony Pattern
Lacquered Box Inlaid with Mother-of-Pearl
Joseon dynasty, 18th century, Tokyo National Museum, Japan

윗면에는 가지에서 뻗어나와 활짝 핀 네 송이의 모란꽃이 있고 그 주위로 벌과 나비가 날아들고 있다. 옆면에는 매화와 대나무, 패랭이꽃, 풀과 벌레를 무늬로 나타내었다. 이 무늬의 소재는 조선시대 회화나 공예품 등에서 일반적으로 많이 나타나는 것이다. 하지만 무늬의 세부 형태나 구도 그리고 표현 기법 등에서 조선시대 후기의 무늬 변화 양상을 파악할 수 있다. 윗면의 모란무늬에는 나비와 벌무늬가 함께 표현되어 있다. 나비는 날개 끝을 꽃잎처럼 표현하여 모란꽃과 조화를 이루도록 묘사하였으며 074 상자의 나비무늬에 비해 복잡하고 장식적이다.

077 나비무늬

나전어피쌍용문탁자장 螺鈿魚皮雙龍紋卓子欌
조선 19세기 말, 경기도박물관, 높이 91.0cm 너비 48.0cm

Butterfly Pattern
Lacquered Oriental Cabinet Inlaid with Mother-of-pearl
Joseon dynasty, Late in the 19th century, Gyeonggi Provincial Museum

일부 파손되었지만, 매우 정교하게 제작되었으며 무늬에서도 품격이 느껴지는 탁자장이다. 이 탁자장은 전체 3단으로 구성되는데 전체 면에 흑칠을 하고 대모와 어피, 나전으로 화려하게 장식하였다. 앞면 하단과 옆면에는 서기 어린 구름이 피어 있는 천상天上에서 여의주를 놓고 다투는 용 한 쌍이 서로 마주보고 있다. 용은 해학적이고 친근한 인상을 주며 S자 형태로 몸을 튼 채로 발톱을 세우고 있다. 탁자장의 윗면과 옆면의 가장자리에는 꽃과 나비, 넝쿨 등을 자유롭게 배치하여 화려함을 더하고 있다. 탁자의 양쪽 기둥에는 꽃넝쿨과 함께 나비가 표현되어 있는데 한 장의 자개로 오려낸 나비 모양에 모조법으로 세부를 새겨넣었다. 나비의 눈과 배, 날개의 무늬 등을 사실적으로 표현하고 있다.

078 거북과 물고기무늬

나전귀어문일주반 螺鈿龜魚紋一柱盤

조선 19세기, 국립중앙박물관, 높이 36.0cm 지름 24.0cm

Tuttle and Fish Pattern

Lacquered Table Inlaid with Mother-of-Pearl

Joseon dynasty, 19th century, The National Museum of Korea

연잎 모양의 일주반이다. 윗면에는 나전으로 연잎의 잎맥과 거북, 연꽃, 물고기를 표현하였다.
잎맥은 직선과 곡선을 함께 써서 변화를 주고 있는데 주름질로 오려내어 붙인 것이다. 거북과
연꽃 등은 모조법으로 섬세하게 표현하였다. 비록 크기가 작은 소반小盤이지만, 형태가 아름다
울 뿐만 아니라 나전 무늬의 표현 기법도 다양하게 활용하여 높은 작품성을 보여주는 수작이다.

079 거북무늬

화각령수문함 華角靈獸紋函

조선 19세기, 호림박물관, 높이 15.0cm 너비 34.0cm 길이 19.8cm

Tuttle Pattern

Chest Adhered with painted Ox-horn Sheet

Joseon dynasty, 19th century, Horim Museum

윗면은 6칸, 옆면은 3칸으로 구분하여 화각으로 장식한 함이다. 구획된 각 면에는 붉은색 바탕을 칠하고 그와 대비되는 노란색과 초록색 등으로 용, 거북이, 사슴, 봉황, 호랑이, 학, 박쥐 등을 표현하였다. 무늬의 소재가 된 동물들은 상서로운 의미를 갖는 서수瑞獸들로 조선시대 후기에 널리 유행하던 것이다. 거북은 앞면 왼쪽에 배치되었는데 머리를 돌려 뒤쪽을 보고 있다. 화각 공예의 특성상 회화적이나 발의 표현 등은 매우 간략화되어 있으며 얼굴은 해학적이다. 화려한 색감과 다소 서툰 표현 방식 등에서 같은 시기에 그려진 민화와 유사한 면이 많다.

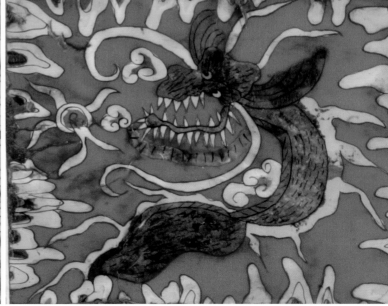

080 두꺼비무늬

화각장생문함 華角長生紋函
20세기 초, 경북대학교박물관, 높이 13.8cm 너비 22.2cm 길이 22.2cm

Toad Pattern
Chest Adhered with painted Ox-horn Sheet
Early in the 20th century, Kyungbook National University Museum

너비와 길이가 같은 정사각형 함이다. 윗면 테두리에는 흑칠을 하고 나머지 면에는 붉은색 바탕에 흰색, 노란색, 초록색 등으로 학과 거북이, 두꺼비, 사슴, 용, 호랑이 등을 그린 화각을 붙였다. 그 주변에는 모란과 소나무를 자유롭게 배치하였다. 두꺼비는 앞면 오른쪽에 그려넣었는데 뒤를 보고 있는 시선 방향이나 발의 표현이 079 함의 거북과 유사하다. 옆면의 모서리 부분이 박락되어 있는 등 다소 파손된 상태이지만 같은 시대에 유행한 민화를 연상시키는 화풍이나 화각의 제작 방식을 살펴볼 수 있는 자료로서 가치가 있다.

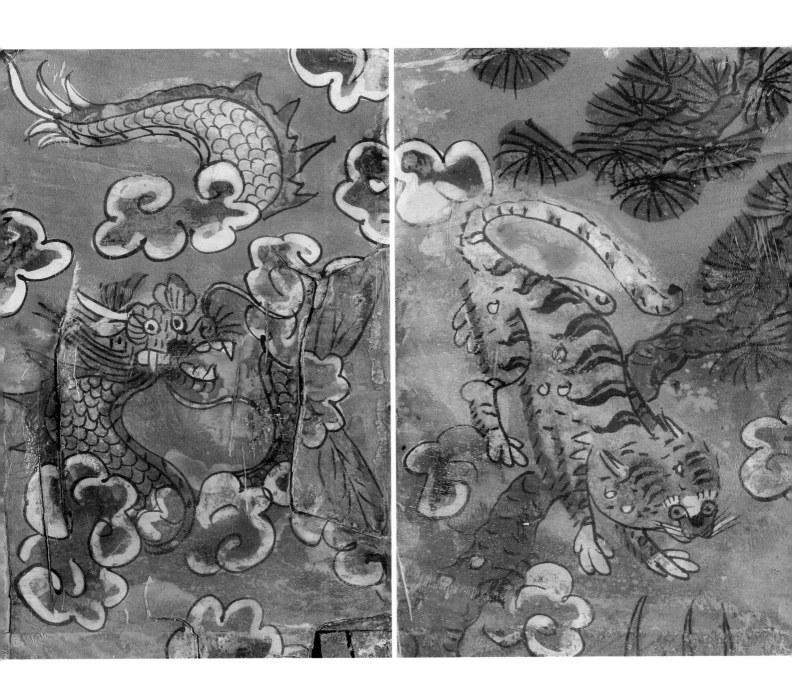

물고기무늬

나전연상 螺鈿硯床
20세기 초, 국립고궁박물관, 높이 26.3cm 너비 39.5cm 길이 27.1cm

Fish Pattern
Lacquered Inkstone Table Inlaid with Mother-of-Pearl
Early in the 20th century, National Palace Museum of Korea

연상은 벼루를 보관하고 종이, 붓, 연적 등의 문방구류를 정리하여 보관하는 가구이다. 이 연상의 옆면 무늬는 2단으로 구분된다. 아랫단 세 면에는 산수누각무늬를, 나머지 한 면에는 대나무무늬를 표현하고, 윗단에는 바위에서 자라난 모란과 새무늬, 물고기무늬 등을 나타냈다. 물고기무늬는 짧은 면의 윗단에 있는데 바위에서 뻗어나온 매화가지 아래 네 마리가 같은 간격, 같은 방향으로 표현되었다. 물고기는 한 장의 자개로 주름질하고 그 안에 비늘과 지느러미 등을 모조법으로 선각하였다. 옆면의 아랫단에서 받침까지의 가장자리에는 아자무늬띠를 표현하였다. 각각의 무늬에서 나전의 다양한 표현 기법을 살펴볼 수 있으며, 각 무늬의 특징을 잘 나타낼 수 있도록 기법들을 적절하게 활용하고 있다.

082 물고기무늬

화각장생문함 華角長生紋函
20세기 초, 경북대학교박물관, 높이 15.5cm 너비 36.4cm 길이 23.4cm

Fish Pattern
Chest Adhered with painted Ox-horn Sheet
Early in the 20th century, Kyungbook University Museum

이 함은 전체 면의 바탕을 노란색으로 칠하고 흰색, 붉은색, 초록색 등 강렬한 원색으로 그림을 그려 표면을 장식하였다. 윗면은 6칸, 앞뒤 옆면은 5칸, 좌우 옆면은 4칸으로 분할하였다. 윗면 중앙에 모란을 그리고, 그 좌우로 봉황과 학을 대각선으로 교차하여 배치하였다. 앞면에는 물고기와 새우, 거북을, 양 옆면에는 사슴 한 쌍과 토끼를 그렸다. 앞면 두 구획의 물고기무늬는 두 마리 모두 왼쪽 위에서 오른쪽 아래로 향해 헤엄치는 모습으로 묘사하였다.

자연산수무늬 自然山水紋 NATURAL-LANDSCAPE PATTERN

자연
산수
무늬

自然
山水
紋

Natural-
Landscape
Pattern

자연산수무늬는 장생사상長生思想을 상징적으로 나타내는 것으로 알려져 있다. 자연산수무늬는 해, 산, 물, 구름, 돌, 소나무, 불로초 등 자연이나 산수의 일부가 하나의 개별적인 무늬로 표현되거나 몇 개의 요소들이 서로 조합되어 하나의 무늬를 이루기도 한다.

우리나라 나전 · 화각 공예에 보이는 자연산수무늬는 산수무늬, 구름무늬, 물속풍경무늬, 물가풍경무늬로 구분할 수 있다.

산수무늬는 일반적인 산수 풍경에 인물이나 누각을 조합하거나 조선시대 선비의 청렴함과 고고한 인품을 상징하는 사군자를 조합하여 만드는 경우가 많다. 그리고 같은 시대에 유행했던 회화 작품들을 모본模本으로 하여 나전 · 화각 공예의 산수무늬 도안으로 표현하기도 한다. 대표적인 예로 084 탁자장의 산수무늬는 조선시대 전기부터 유행하기 시작하였던 안견파 화풍의 영향을 감지할 수 있을 만큼 회화적 표현이 두드러진다. 한쪽으로 치우친 편파 구도나 괴량감 있는 산의 표현, 가지, 인물의 표현 등에서 회화 작품의 특성을 확인할 수 있다. 085 문갑의 윗면 산수무늬 역시 중앙부의 수면을 중심으로 원경 · 중경 · 근경의 3단 구도를 보이며, 끊음질의 직선으로 산의 무게감과 중량감을 표현하고 있다. 이와 같이 회화 작품을 연상시키는 자연산수무늬는 18세기 무렵부터 유행한다. 이는 같은 시기의 산수화山水畵나 중국으로부터 전래된 화보류畵譜類를 모본으로 하여 무늬를 표현하면서 생긴 현상으로 보인다.

나전 공예에서 산이나 물, 나무 등 자연의 일부가 무늬로 등장하는 것은 조선시대 전기부터이며, 대부분 다른 무늬의 보조 무늬로 사용되었다. 산수무늬가 중심 무늬로 등장하는 것은 조선시대 후기로 볼 수 있다.

자연산수무늬 중에서 가장 흔하게 나타나면서도 다양한 형태를 보이는 것은 구름무늬이다. 구름은 여러 가지 형태로 변화할 수 있으며 다양한 분위기를 연출할 수 있는 소재이다. 나전이나 화각 공예에서는 무늬의 배경을 이루거나 여백을 채우는 보조 무늬의 소재로 주로 쓴다.

나전칠기에 표현된 구름무늬의 형태는 비교적 다양하다. 088 상자와 같이 구름 꼬리가 여러 개이며 넝쿨이 엮인 듯한 모양의 구름, 060 상자의 여의두 모양 구름, 090 상자의 일ᅳ자 모양 구름, 그리고 089 농의 뭉게구름 형태가 있다. 화각 공예의 구름무늬는 주로 보조 무늬로 많이 쓰는데 구획과 구획이 연결되는 가장자리 부분을 위주로 그려 무늬의 전체적인 통일감을 주는 데 쓴다.

나전 공예의 물속풍경무늬는 조선시대 후기부터 나타나는데 그 예가 많은 편은 아니다. 092 대야에서는 게나 가재, 새우 등이 물고기, 연꽃 등과 함께 조화를 이루어 물속 풍경을 나타내고 있다. 물고기나 연꽃 등은 우리 나라 전통 무늬의 하나로 오래전부터 애용하였지만 게나 가재를 이들과 함께 표현하는 것은 조선시대 후기에 들어서면서부터이다. 특히 게나 가재는 조선시대 후기 민화^{民畵}의 소재로 많이 그려지고 있어서 무늬의 시대별 선호도를 가늠할 수 있게 해준다.

나전 공예품에서 물가 풍경이 무늬의 소재로 등장하기 시작하는 것은 19세기 무렵으로 생각된다. 091 반에는 거북, 게, 소라 등이 물고기, 주변 식물과 함께 화면을 구성하고 있다. 물가풍경무늬는 12세기 고려청자에서 처음 보이는 무늬인데 버드나무, 갈대, 새 등이 주를 이루어 정형화되었고, 포류수금무늬^{蒲柳水禽紋}라 불렸다. 그러나 조선시대 나전의 물가풍경무늬는 소재가 다양하고 고려시대의 것과 달리 비교적 자유롭게 표현하였다. 이를 통해 볼 때 나전칠기에 보이는 물가풍경무늬는 고려시대 청자의 무늬를 계승한 것이 아니라 조선시대 후기의 민화 등의 소재를 도입하여 새롭게 창안한 것으로 생각된다.

083 산수무늬

나전인물산수문연상 螺鈿人物山水紋硯箱
조선 17세기, 일암관, 높이 11.3cm 너비 31.0cm 길이 21.0cm

Landscape Pattern
Lacquered Inkstone Box Inlaid with Mother-of-Pearl
Joseon dynasty, 17th century, Iramgwan Collection

흑칠 바탕에 표면 전체를 나전으로 화려하게 장식한 벼루 상자이다. 옆면에는 연꽃과 넝쿨무
늬를 시문하였고 윗면에는 바위, 소나무. 대나무, 새, 산과 달 등을 소재로 한 산수무늬를 배치
하였다. 전체적으로 서정적인 느낌이며 오른쪽 아래에는 인물을 작게 표현하여 운치를 더하
였다. 주름질과 끊음질을 골고루 사용하여 무늬를 효과적으로 표현하였다.

084 산수무늬

나전산수문탁자장 螺鈿山水紋卓子欌

조선 19세기, 고려대학교박물관, 높이 119.2cm 너비 60.5cm 길이 33.5cm

Landscape Pattern

Lacquered Oriental Cabinet Inlaid with Mother-of-Pearl

Joseon dynasty, 19th century, Korea University Museum

3단의 탁자장으로, 아래 두 단의 여닫이문에는 한 폭의 산수화를 연상시키는 무늬를 시문하였다. 전체적으로 원경·중경·근경으로 3단 구도이며 산과 강을 배경으로 누각과 다리, 탑, 배 그리고 다양한 인물상을 표현하였다. 이러한 장면은 조선시대 후기에 널리 유통된 화보畫譜나 이를 바탕으로 그려진 회화 작품을 모본으로 하여 도안한 것으로 보인다. 주로 끊음질을 활용하여 산수를 효과적으로 나타내고 있다. 이와 같은 무늬는 당시 나전 수요층의 수준 높은 취향을 반영하는 것으로 판단된다.

085 산수무늬

나전산수문문갑 螺鈿山水紋文匣
조선 후기, 일암관, 높이 19.7cm 너비 29.5cm 길이 28.5cm

Landscape Pattern
Lacquered Chest of drawers Inlaid with Mother-of-Pearl
Late Joseon dynasty, Iramgwan Collection

앞면이 2단으로 나뉘는 문갑으로 모든 면을 산수무늬로 장식하였다. 산수무늬는 간단한 선으로 산등성이와 수면을 표현하고 그 사이에 나무와 누각, 배 등을 표현하였다. 소나무의 경우, 직선으로 뻗은 나무 몸통과 끊음질로 된 부채꼴 모양의 잎은 현대의 나전칠기 공예에서도 많이 쓰이는 표현 방법이다.

086 산수무늬

나전산수문빗접 螺鈿山水紋梳函
19세기 말~20세기 초, 국립민속박물관, 높이 30.6cm 너비 31.3cm 길이 31.3cm

Landscape Pattern
Lacquered Chest Inlaid with Mother-of-Pearl for Storaging combs
Late in the 19th century ~ Early in the 20th century, The National Folk Museum of Korea

정사각형의 나전 빗접이다. 윗면에는 커다란 원형 테두리 안에 수壽자를 중심으로 한 쌍의 학
과 복숭아 가지가 서로 마주하고 있다. 앞면은 3단으로 나뉘는데 각 단을 2칸으로 나누어서
칸마다 산수무늬를 표현하였다. 구획된 면마다 각각 다른 산수무늬를 시문하였으며, 봉 상사
와 송곳 상사를 적절히 이용한 끊음질로 무늬를 표현하고 있다. 나무 또는 산등성이에 작은
사각형 모양의 자개를 촘촘하게 붙여 음영을 표현한 것이 특징적이다.

087 산수무늬

나전산수문상자 螺鈿山水紋箱子
20세기, 일본 고려미술관, 높이 24.6cm 너비 31.5cm 길이 21.8cm

Landscape Pattern
Lacquered Chest Inlaid with Mother-of-Pearl
20th century, Koryo Museum of Art, Japan

이 나전 상자는 뒷면을 제외한 모든 면을 사각의 테두리로 구획하고 그
안에 무늬를 시문하였다. 윗면에는 산수화 한 폭을, 앞면에는 거북과 연
꽃무늬를 나타내었는데, 각 무늬의 여백에는 자개선을 가로로 촘촘하게
채워넣었다. 양 옆면에는 초가집이 있는 풍경을 배치하였는데, 바탕 여백
에 별도의 자개선 장식을 하지 않아 앞·윗면의 무늬와 비교된다. 이 상
자의 산수무늬는 모두 끊음질로만 표현한 것이 특징이다.

088 구름과 학무늬

나전운학문상자 螺鈿雲鶴紋箱子
조선 18세기, 국립중앙박물관, 높이 16.1cm 너비 81.8cm 길이 45.1cm

Cloud and Crane Pattern
Lacquered Box Inlaid with Mother-of-Pearl
Joseon dynasty, 18th century, The National Museum of Korea

윗면에는 중앙에 선 두 줄로 마름꽃 모양의 창을 구획하고 그 안에 각기 다른 지물을 물고 마주하여 선회하는 학을 배치하였다. 구획 안의 여백과 구획 밖에는 넝쿨이 엮인 듯한 만초蔓草 모양의 구름무늬를 다양한 형태로 장식하였다. 이 상자에서 구름무늬는 봉황무늬의 보조 무늬로 쓰였다. 구름무늬는 다른 무늬와 마찬가지로 모두 주름질로 표현하여 통일감을 주고 있다.

089 구름무늬

나전어피쌍용문이층농 螺鈿魚皮雙龍紋二層籠
조선 19세기 말, 일본 고려미술관, 높이 121.0cm 너비 73.0cm 길이 37.0cm

Cloud Pattern
Lacquered Compound Wardrobe Inlaid with Mother-of-Pearl
Joseon dynasty, Late in the 19th century, Koryo Museum of Art, Japan

받침을 포함하여 총 3단으로 분리되는 이 농은 나전을 비롯하여 황동黄銅선, 대모, 어피를 혼용하여 무늬를 화려하게 표현하였다. 동선을 이용하여 용의 형태를 그리고 비늘이나 수염, 얼굴 등에는 어피를 사용하였다. 서기 어린 구름은 나전으로, 쌍룡·보주·태극무늬는 대모를 써서 나타내었고 바탕 여백에는 동선으로 구름 형태를 만들어 배치하였다. 나전으로 표현한 구름은 솜덩이 같은 느낌의 뭉게구름 모양으로 나타냈으며 크기와 모양이 비교적 다양한 편이다. 타찰법을 이용하여 구름에 크고 작은 균열을 만들어 넣었다.

090 구름무늬

나전장생문상자 螺鈿長生紋箱子
19~20세기, 국립중앙박물관, 높이 15.1cm 너비 53.0cm 길이 15.1cm

Cloud Pattern

Lacquered Chest Inlaid with Mother-of-Pearl
19th~20th century, The National Museum of Korea

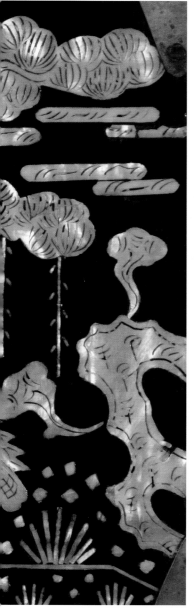

가로로 긴 상자로, 윗면에는 번개무늬띠를 두른 수자무늬를 중심으로 학 한 쌍과 복숭아를 장식하였고 앞면에는 소나무와 학, 대나무와 봉황을 소재로 한 무늬를 시문하였다. 구름무늬는 윗면과 앞면의 오른쪽 화면에서 볼 수 있는데 끝이 둥근 일一자 모양이다. 여러 개를 가로로 눕혀 길게 깔린 구름을 나타내고 있다. 주름질로 형태를 오리고 그 안에 선각을 더하여 구름의 세부를 표현하고 있다.

물속풍경무늬

나전장생문십이각호족반 螺鈿長生紋十二角虎足盤

조선 19세기 말~20세기 초, 국립고궁박물관, 높이 27.0cm 지름 58.0cm

Underwater Landscape Pattern

Lacquered Polygonal Table Inlaid Mother-of-Pearl

Joseon dynesty, Late in the 19th century ~ Early in the 20th century, The National Palace Museum of Korea

윗면이 전체 12각을 이루는 호족반으로, 아자무늬띠로 원형 테두리를 둘러 화면을 구획하고
그 내부에는 거북과 물고기, 가재, 게, 산, 바위 등 다양한 소재를 표현하였다. 중심부에는 이중
으로 원형을 구획하고 안쪽 원 구획 내외에 각기 도안화된 길상문자무늬와 꽃무늬를 번갈아
가면서 둘렀다. 화면을 장식하는 소재들은 모두 길상吉祥을 상징하는 것으로 조선시대 후기에
흔히 나타나는 무늬이다.

092 물속풍경무늬

나전어문대야 螺鈿魚紋盤
20세기 초, 고려대학교박물관, 높이 8.5cm 지름 5.5cm

Underwater Landscape Pattern
Lacquered Washbasin Inlaid with Mother-of-Pearl
Early in the 20th century, Korea University Museum

대야의 위쪽 가장자리 부분인 전의 전체에 가재와 게, 물고기, 조개, 풀꽃 등을 조합하여 물속
풍경을 무늬로 나타내었다. 물속에 사는 여러가지 동식물을 다양하게 시문하였으며 주로 주
름질을 이용하였다. 흑칠의 바탕면과 나전으로 표현한 무늬가 서로 대조를 이룬다.

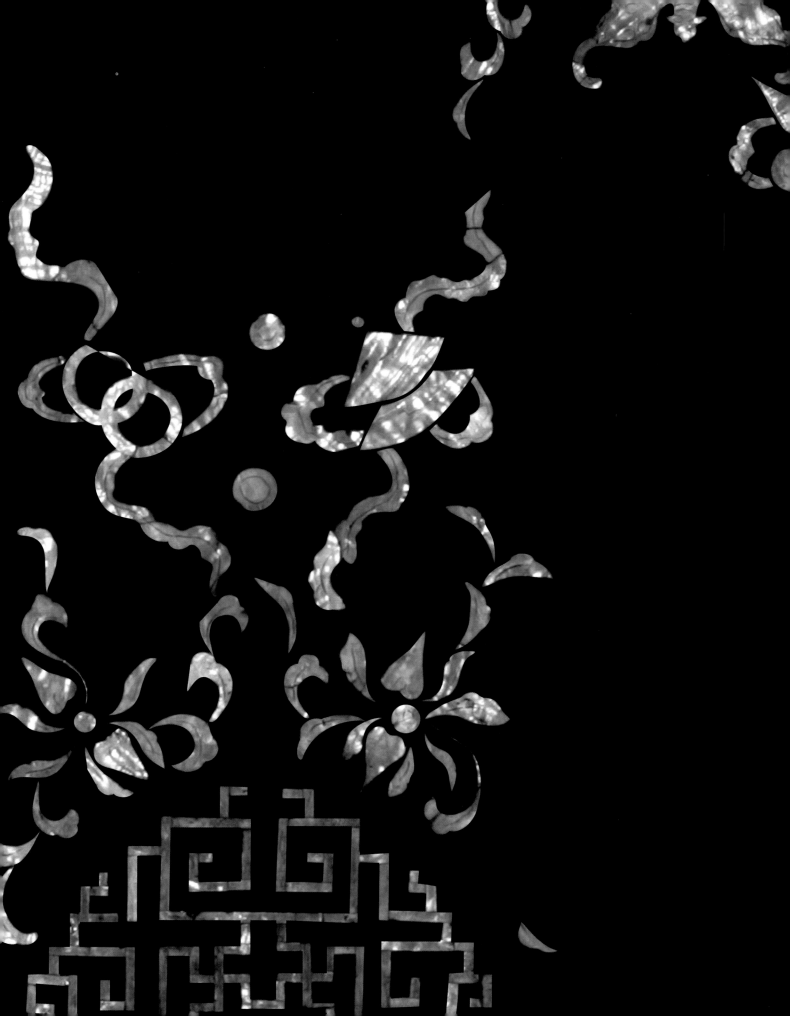

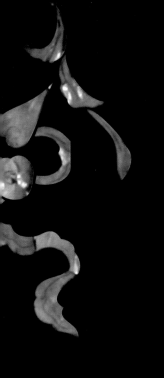

기물무늬

器物紋

OBJECT PATTERN

기물
무늬

器
物
紋

Object
Pattern

기물무늬는 부귀와 행복 등의 염원을 사물에 의탁하고자 하는 의미를 담고 있다. 많은 자손을 낳고 귀한 신분을 얻고 번창하여 가문을 복되게 하고, 평안하고 장수하는 것을 가장 큰 행복으로 여기는 동양 특유의 길리상서吉利祥瑞 사상이 반영되어 나타난 것이다.

　기물무늬는 생활 주변에서 사용하던 기물 중에 상서롭고 기쁜 일을 가져다줄 것으로 여겨지는 상징물들을 간단한 부호로 정리하여 소재로 삼고 있으며 그 종류가 매우 다양하다. 대표적인 예로 보배무늬를 들 수 있는데, 당시 사람들은 미적 효과를 떠나 보배무늬를 사용하기만 해도 부적의 효험이 있다고 생각하여 각종 공예품에 도안하여 널리 활용하였다.

　보배무늬의 소재로는 불교의 여덟 가지 보배를 가리키는 팔길상무늬八吉祥紋, 도교의 팔선무늬八仙紋를 비롯해서 전륜성왕轉輪聖王의 칠보무늬七寶紋, 그 밖에 일상생활에서 길상을 추구하는 기물들을 도안한 일반 보배무늬雜寶紋가 있다.

　《무량수경無量壽經》이나 《아미타경阿彌陀經》에서는 극락정토를 장엄하는 여덟 가지 보배로, 고결함을 상징하는 연꽃蓮花, 세상만사를 두루 덮는다는 보개寶蓋, 펴고 접음이 자유로워 중생 교화를 의미하는 보산寶傘, 생사 해탈을 의미하는 사리병 형태의 보병寶瓶, 수레바퀴처럼 영원히 구르는 법륜法輪, 음악을 연주할 때 사용되는 소라 모양의 해나海螺, 부귀와 번영의 물고기인 금어金魚, 연속과 윤회를 상징하는 매듭 모양의 반장盤張을 들고 있다.

또한 도교의 여덟 신선八仙이 각각 지니고 다녔다는 여덟 가지 물건을 도안화하여 팔길선무늬八吉仙紋라 부르기도 한다. 팔길선무늬는 중생을 구원하는 약품의 상징인 이철괴李鐵拐의 호로葫蘆, 악을 물리치는 여동빈呂洞賓의 보검寶劍, 새 삶을 상징하는 장과로張果老의 어고魚鼓, 만물에 천상의 소리를 전하는 조국구曹國舅의 음양판陰陽板, 널리 통하는 능력을 의미하는 남채화藍采和의 화람花籃, 몸을 깨끗하게 하는 하선고何仙姑의 하화荷花, 한상자韓湘子의 지물로 만물에 영혼을 불어넣는 소리를 낸다는 피리 모양의 옥적玉笛 등 여덟 가지이다.

전륜성왕이 지니고 있었다는 칠보무늬는 국왕이 나라를 잘 다스릴 수 있게 하는 보물로 여겨져 특히 왕실 기물에 많이 사용하였다. 칠보에는 올바른 정치와 외교를 의미하는 금륜보金輪寶, 상서로운 일을 의미하는 백상보白象寶, 교통과 통신의 수단인 감마보紺馬寶, 소원 성취를 의미하는 신주보神珠寶, 헌신적인 궁녀인 옥녀보玉女寶, 창고의 재물 관리를 의미하는 주장신보主藏臣寶, 국방과 치안을 의미하는 병장보兵將寶 등이 있는데 무늬의 형태상 일반 보배무늬와 중복되는 경우가 많다. 금륜보는 전보와 비슷하며, 백상보는 쌍서각, 옥녀보는 방승, 병장보는 서책, 마보는 특경보와 유사한 형태이다. 궁중 기물 장식에는 특히 칠보무늬인 금륜보, 백상보, 옥녀보, 병장보를 많이 사용하였는데, 일반 보배무늬와 형태가 비슷하여 전보, 쌍서각, 방승, 서책으로 부르기도 한다.

이 밖에도 태극이나 영지, 보석, 필묵, 부채. 곡옥, 표주박, 박쥐, 엽전 등 민속적인 길상무늬가 보배무늬로 표현되기도 한다.

나전과 화각에 쓰인 보배무늬는 기물무늬의 한 종류로서 다양한 종류의 보배 중에서 몇 가지를 선택하여 표현하는 것이 일반적이다. 따라서 보배무늬는 불교나 도교의 경전 그리고 당시의 사람들이 귀중하게 여기던 기물들을 소재로 하거나 당시 길상의 의미를 담고 있는 기물들이 서로 혼합되고 혼용된 형태가 대부분이다.

나전·화각에서 이러한 기물무늬를 표현하기 시작한 것은 18세기 이후이다. 짧은 시간 동안 매우 다양한 형태의 기물무늬가 집중적으로 출현하고 유행하였다. 기물의 종류도 종교적인 의미를 갖는 것과 민속적인 길상의 의미를 갖는 것이 서로 혼재하고 있어 특정한 조합 방식이나 상징성을 찾기 어렵다. 보배무늬는 주로 중심 무늬보다는 보조 무늬로 사용하며, 단독 무늬로 시문하는 경우는 매우 드물다. 주로 길상어구의 문자무늬 주변을 장식하는 보조적인 소재로 활용되거나 기면의 귀퉁이에 표현하는 경우가 대부분이다.

093 보배무늬

나전모란당초문능화형반 螺鈿牡丹唐草紋菱花形盤
조선 16세기, 일본 도쿄국립박물관, 높이 4.0cm 너비 47.0cm 길이 34.5cm

Treasure Pattern
Lacquered Tray Inlaid with Mother-of-Pearl
Joseon dynasty, 16th century, Tokyo National Museum, Japan

반의 안쪽 면은 기물의 테두리와 평행을 이루도록 자개를 연결하여 마름꽃 모양으로 구획을 나누었다. 바깥 구획의 네 모서리 부분에는 사엽형 보배무늬를 넣고 그 밖의 구역은 넝쿨무늬로 장식하였다. 모란넝쿨무늬는 금속선으로 줄기를 표현하고 그 주변으로는 주름질로 오려낸 모란꽃과 잎을 시문하였다. 금속선을 사용한 점이나 크기가 작은 자개로 모란넝쿨무늬를 표현한 점 등은 고려시대 나전칠기의 특징이지만 무늬 구성에 여유가 있으며 넝쿨무늬가 자유롭게 뻗어나가는 듯이 표현된 점으로 보아 고려시대의 전통을 이어받은 조선시대 전반기의 작품으로 생각된다. 사엽형 보배무늬는 자개를 잘게 잘라 연속적으로 이어붙였다. 이 반은 고려시대 나전칠기가 조선시대로 이어지면서 나타나는 변화 양상을 살펴볼 수 있는 예로 주목된다.

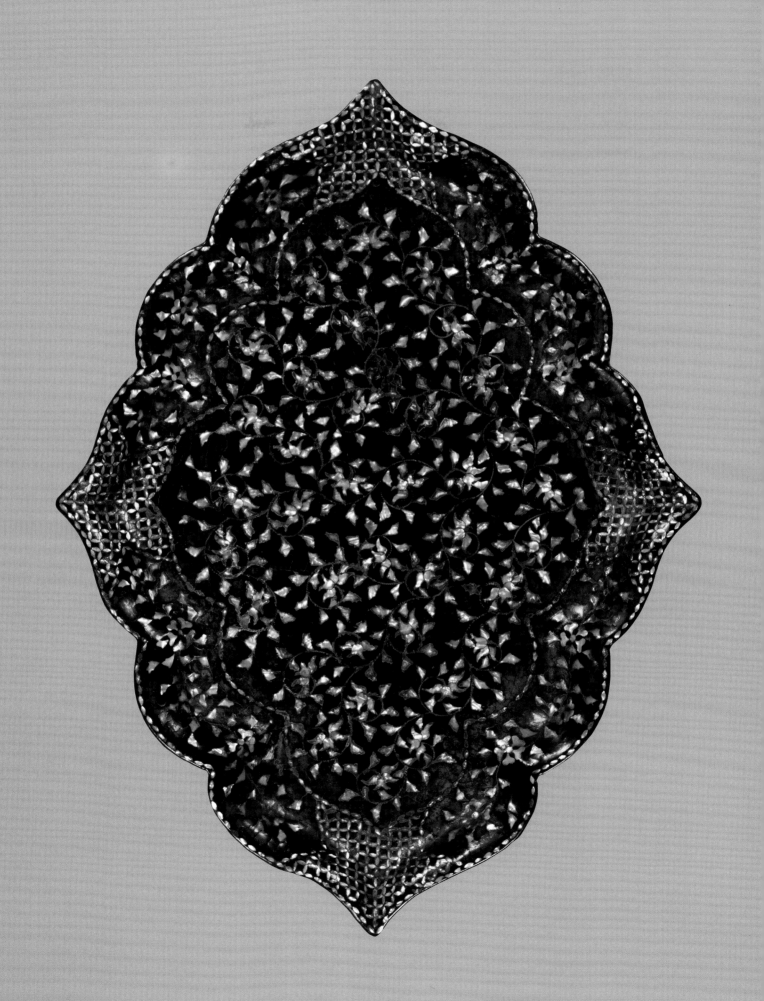

094 보배무늬

나전봉황문연상 螺鈿鳳凰紋硯床

조선 19세기 후반, 일본 고려미술관, 높이 21.0cm 너비 25.0cm 길이 33.0cm

Treasure Pattern

Lacquered Inkstone Table Inlaid with Mother-of-Pearl

Joseon dynasty, Second half of the 19th century, Koryo Museum of Art, Japan

2단의 서랍이 붙어 있는 연상으로 모든 면에 주칠을 하고 나전으로 무늬를 표현하여 매우 화려하다. 연상의 윗면에는 날개를 활짝 펴고 날갯짓을 하는 봉황 두 마리가 대칭을 이루고 있다. 봉황 한 마리는 꼬리가 짧고 또 다른 한 마리는 길게 표현하여 봉鳳과 황凰을 구분하였다. 그 주변으로는 물결 형태의 구름을 끊음질로 표현하였다. 옆면의 가장 윗단에는 해포무늬를 넣고 아래 두 단에 보배무늬와 복숭아, 석류, 불수감, 모란 등의 길상무늬를 배치하였다. 보배무늬는 장축이 긴 옆면에 있는데 모두 여덟 종류이다. 보배무늬 주변으로 넝쿨 줄기와 원형 자개장식이 둘러져 있다.

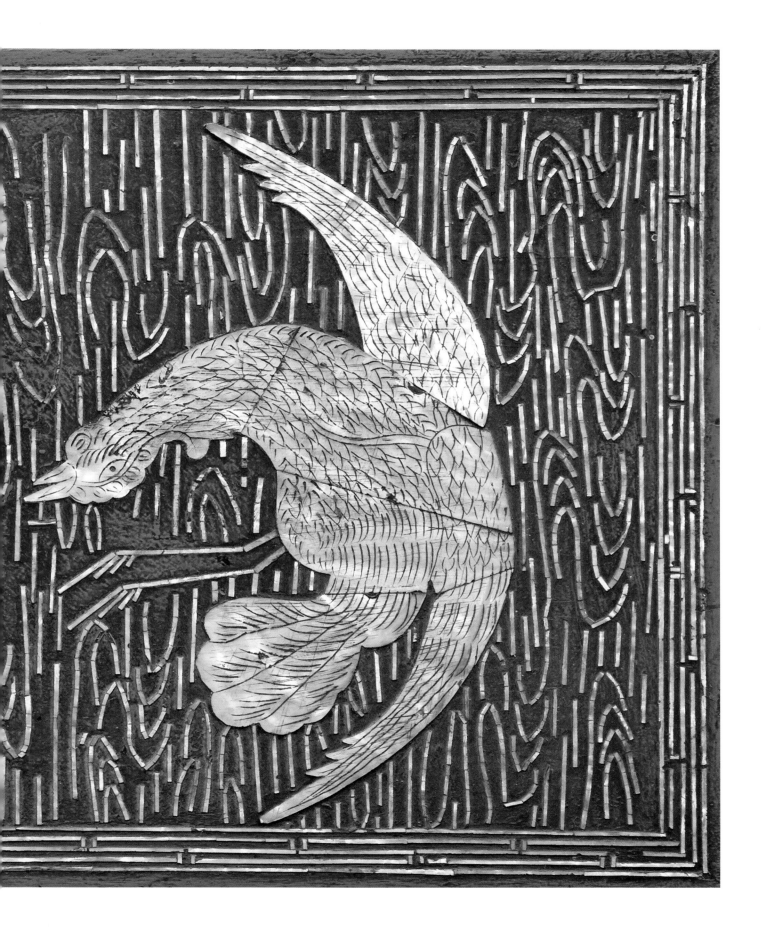

095 보배무늬

나전수자문문갑 螺鈿壽子紋文匣
조선 19~20세기 초, 국립중앙박물관, 높이 32.7cm 너비 105.5cm 길이 25.4cm

Treasure Pattern
Lacquered credenza Inlaid with Mother-of-Pearl
Joseon dynasty, 19th ~ Early in the 20th century, The National Museum of Korea

가로로 긴 문갑으로 전체 면에 흑칠을 하고 각 면을 나전으로 화려하게 장식하였다. 문갑의
윗면에는 문자무늬를 중심으로 모란넝쿨무늬, 보배무늬로 장식하였는데 보배무늬는 칠보무
늬 중 네 가지만을 골라서 장식하였다. 양쪽 옆면에도 복福자 주변에 칠보무늬를 넣었으며 윗
면에 장식한 보배무늬와 동일한 종류이다. 문판에는 전서체篆書體의 수壽자를 다양하게 나타
내었는데, 직선과 곡선으로 구성된 글자의 획을 끊음질로 정확하게 표현하였다.

096 보배무늬

나전장생문호족반 螺鈿長生紋虎足盤
20세기 초, 국립고궁박물관, 높이 39.0cm 지름 62.0cm

Treasure Pattern
Lacquered Table Inlaid with Mother-of-Pearl
Early in the 20th century, The National Palace Museum of Korea

모든 면에 주칠을 한 호족반이다. 원형의 상판과 운각雲刻의 윗부분, 그리고 다리의 옆면에 끊음질과 주름질로 장식한 나전 무늬가 있다. 호족반의 윗면에는 중심부와 네 방향으로 5개의 산山을 배치하고, 그 주위에 학 네 마리와 난초 속에 피어난 영지 그리고 복숭아나무를 원형으로 둘렀다. 보배무늬는 운각과 다리에 있는데 모두 여섯 종류의 보배를 반복하여 배치하였다. 보배의 주변을 094 연상과 같이 넝쿨 선과 둥근 자개로 장식하였다.

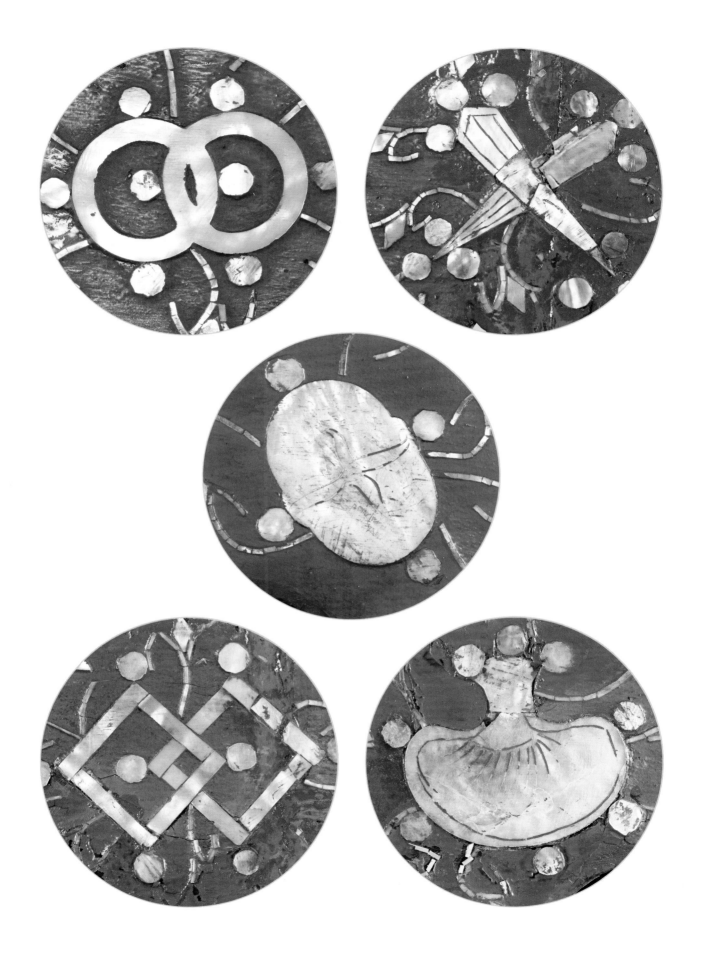

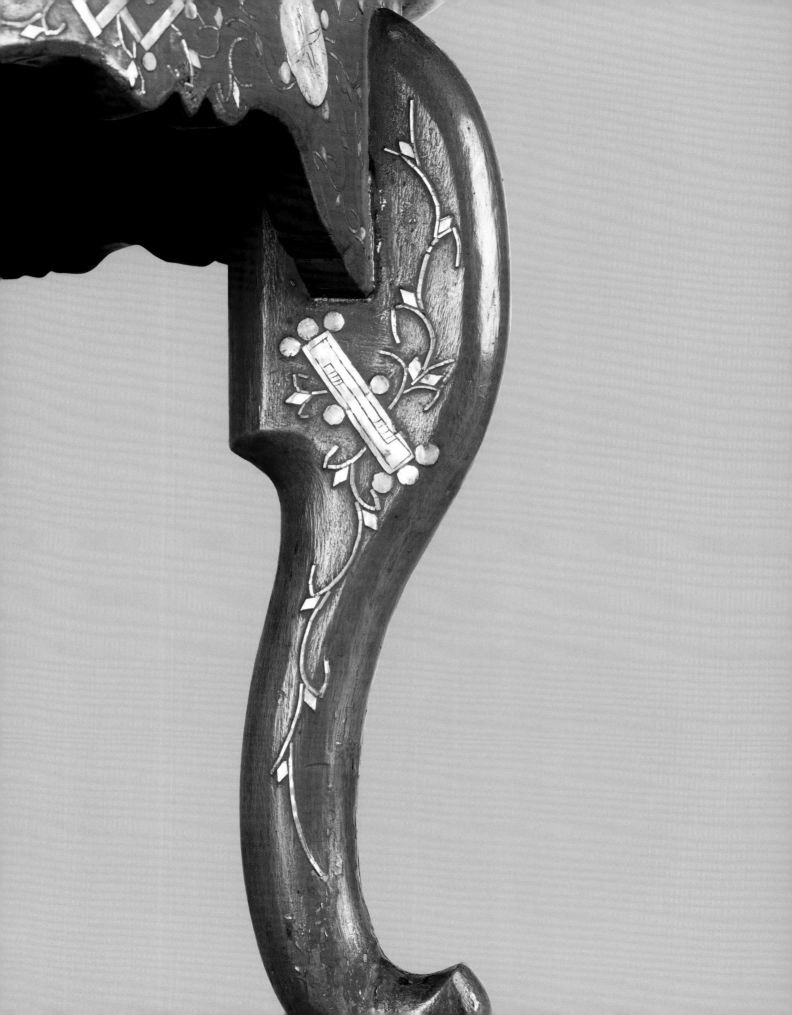

문자무늬

文字紋

CHARACTER PATTERNS

문자
무늬

文
字
紋

Character
Pattern

문자무늬는 글자가 갖고 있는 의미를 드러내기 위해서 사용하였지만 점차 그 형태가 변하면서 회화적인 표현과 상징성을 더하게 되었다. 고대 인류는 자연현상을 모방하여 상형화象形化하고 이를 문자로 쓰기에 이른다. 문자무늬는 이러한 문자가 다시 무늬로 변용되는 과정을 보이는 것이다.

문자무늬는 주로 장수, 부귀, 건강과 평안, 자손 번창 등을 염원하는 길상어구吉祥語句의 글자를 회화적으로 변화시킨 것이다. 문자무늬는 특히 조선시대에 유행하였으며 각종 도자기와 목가구류, 직물 등의 일상용품에서부터 회화, 건축 등 다양한 분야에서 널리 애용하였다.

문자무늬는 조선시대 후기인 19세기에 접어들면서 크게 유행하며 그 종류도 다양해진다. 부富 · 귀貴 · 수壽 · 복福 · 강康 · 녕寧자 등을 개별적으로 사용하기도 하며 이들 각각의 글자를 서로 조합하여 수복壽福, 수복강녕壽福康寧 등과 같이 하나의 단어처럼 쓰기도 한다.

나전 공예에서는 중심 무늬와 보조 무늬로 모두 사용하였는데 중심 무늬일 경우 문자 단독으로 표현하기도 하지만 다른 무늬와 함께 도안하는 예가 많다. 보조 무늬일 경우에도 기하무늬처럼 종속되는 구성보다는 다른 무늬와 비교적 동등한 비중으로 표현한다.

문자무늬의 형태는 해서체, 전서체의 정형화된 글씨체를 활용한 것, 그리고 원형 구획 또는 사각 구획 안에 맞추어 글자를 도안화한 것 등이 있다.

나전과 화각 공예에서 나타나는 대표적인 문자무

늬는 수壽·복福·희喜·만卍·아亞자 등인데 둥글거나 네모로 도안화된 형태를 띤다. 둥근 것은 단수자團壽字, 단복자團福字, 단희자團喜字라고 하며, 네모난 것은 장수자長壽字, 장복자長福字, 장희자長喜字라고 한다.

문자무늬는 다른 무늬와 함께 복합 무늬로 구성하기도 하는데, 가장 많이 보이는 유형은 문자와 박쥐를 결합한 것과 문자와 길상 식물을 결합한 두 종류가 있다.

문자와 박쥐를 결합한 경우는 수壽자와 박쥐, 만卍자와 박쥐의 조합이 있다. 수壽자를 중심에 두고 다섯 마리의 박쥐를 원형으로 돌려 배치한 오복수무늬와 원형의 수壽자 주위를 추상화된 세 마리의 박쥐로 둘러싼 것 등이 수壽자와 박쥐무늬 조합의 대표적인 예이다. 좀 더 시기가 내려가면 만卍자와 박쥐의 조합이 보이는데 이것은 만자무늬 바탕에 박쥐를 넣어 복이 만대萬代를 이어가기를 바라는 염원을 무늬로 표현한 것이다.

문자와 길상 식물을 결합한 경우는 문자무늬에 호리병박과 복숭아꽃을 더한 것이 있으며, 조선시대 말기에 크게 유행하였다. 원형의 수壽자와 복숭아꽃은 장수를, 호리병박은 병마와 악귀를 호리병 속에 가둔다는 상징성이 있는데, 길상의 의미를 지닌 여러 가지 무늬를 함께 배치하여 그 의미를 강조하였던 것이다.

아자무늬는 번개무늬雷紋와 동일한 개념으로 쓰이는 경우를 흔히 볼 수 있는데, 이것은 연속적으로 배치된 번개무늬가 아자무늬와 형태상 큰 차이가 없기 때문인 것으로 보인다. 아자무늬는 단독으로 쓰이는 경우가 거의

없고 항상 보조 무늬로서 테두리를 채우거나 사방으로 연속 확장하여 단위 무늬를 구성하는 등 장식적인 기능을 하는 경우가 대부분이다. 이는 문자 자체의 형태가 단순하고 기하학적인 공간 배치가 가능하다는 성격으로 인해서 그 활용도가 높았기 때문인 것으로 보인다.

문자무늬는 그 출현과 유행 시기가 18세기 이후에 집중되기 때문에 시간의 흐름에 따른 변화 양상을 살펴보기는 어렵다. 하지만 조선시대 후기에 제작된 민화 중에는 길상어구를 한 글자씩 쓰고 그 내부나 주변에 그림을 더하여 완성하는 문자도文字圖가 유행하는 등 문자무늬가 이 시기에 다른 미술 분야에서도 크게 유행하였음을 알 수 있다.

097 수자무늬

나전귀갑수자문말안장 螺鈿龜甲壽字紋鞍
조선 19~20세기 초, 국립중앙박물관, 높이 32.5cm 너비 43.0cm 길이 58.7cm

'Su [壽]' Character Pattern
Lacquered Saddle Inlaid with Mother-of-Pearl
Joseon dynasty, 19th ~ Early in the 20th century, The National Museum of Korea

안장의 앞·뒷면에 흑칠을 하고 나전으로 장식하였다. 테두리에는 번개무늬를 둘렀고, 중앙부에는 수壽자를 원형으로 도안하여 배치하였다. 나머지 면에는 육각형의 연속 무늬인 귀갑무늬를 넣었다. 이 안장의 수자무늬는 원형 구획 안에 둥글게 도안화하여 표현한 것이므로 단수자 무늬로 볼 수 있다. 이러한 원형수자무늬는 나전 공예품에 가장 일반적으로 나타나는 문자무늬의 한 종류이다.

098 수복자무늬

나전수복장생문장 螺鈿壽福長生紋欌
20세기 초, 국립고궁박물관, 높이 74.5cm 너비 85.7cm 길이 40.9cm

'Subok [壽福]' Character Pattern
Lacquered Wardrobe Inlaid with Mother-of-Pearl
Early in the 20th century, The National Palace Museum of Korea

이 나전 흑칠장에는 모두 6칸의 머름간이 있는데, 테두리에는 아자무늬띠를 두르고 내부에는 장생무늬를 표현하였다. 중앙의 양쪽 여닫이 문에는 수복壽福 문자를 도안화하여 배치하였다. 가장 위쪽 칸에는 수복무늬를 가장자리에 두고 가운데는 박쥐무늬를 새겼으며, 그 아래에는 거북이와 학, 사슴을 표현하였다. 중앙부 가장자리 네 칸에는 괴석怪石에 피어난 풀꽃더미와 나비, 연잎에서 노는 개구리, 버드나무와 잉어, 물가를 헤엄치는 오리를 표현하였다. 그 아래 다양한 모티프로 활용하여 변화를 시도한 문자무늬는 앞면의 곳곳에 배치되었는데, 모두 주름질로 시문하여 부드러운 곡선미를 살렸다.

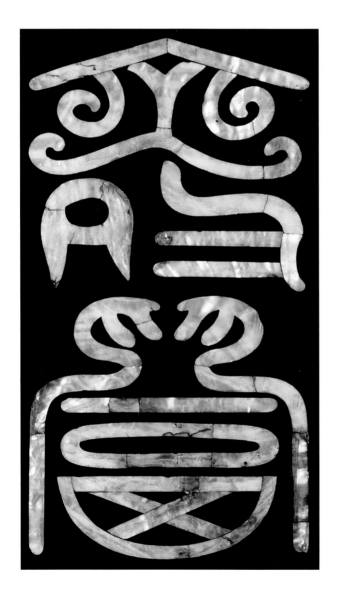

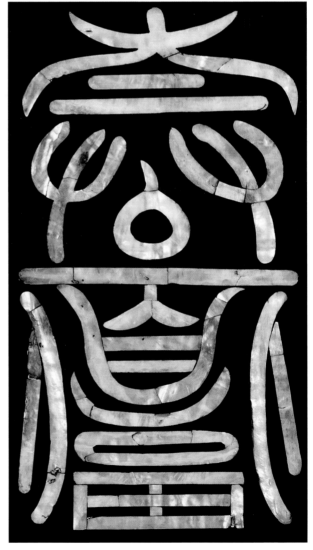

099 수복강령자무늬

나전도학수복강령문관모함 螺鈿桃鶴壽福康寧紋冠帽函
조선 19세기, 국립중앙박물관, 높이 26.5cm 지름 42.0cm

'Subokgangnyeong [壽福康寧]' Character Pattern
Lacquered Chest Inlaid with Mother-of-Pearl for Storaging hats
Joseon dynasty, 19th century, The National Museum of Korea

소나무로 짠 견고한 8각의 나전함이다. 천판에는 쌍희囍자를 중심으로 수복강령壽福康寧 글자를 도안화한 무늬와 천도, 석류를 번갈아가면서 표현하였다. 8각의 측면에는 효孝, 제悌, 충忠, 신信, 예禮, 의義, 염廉, 치恥의 글자들을 한 자씩 배치하였다. 그중 효·치자가 있는 면을 제외한 6면에는 천도를 입에 물고 있는 학과 구름을 표현하였다. 이들 문자무늬는 관모冠帽를 넣거나 꺼내어서 의관衣冠의 격식을 갖출 때마다 선비로서 지켜야 하는 도리를 다짐하게 한다는 의미가 있다.

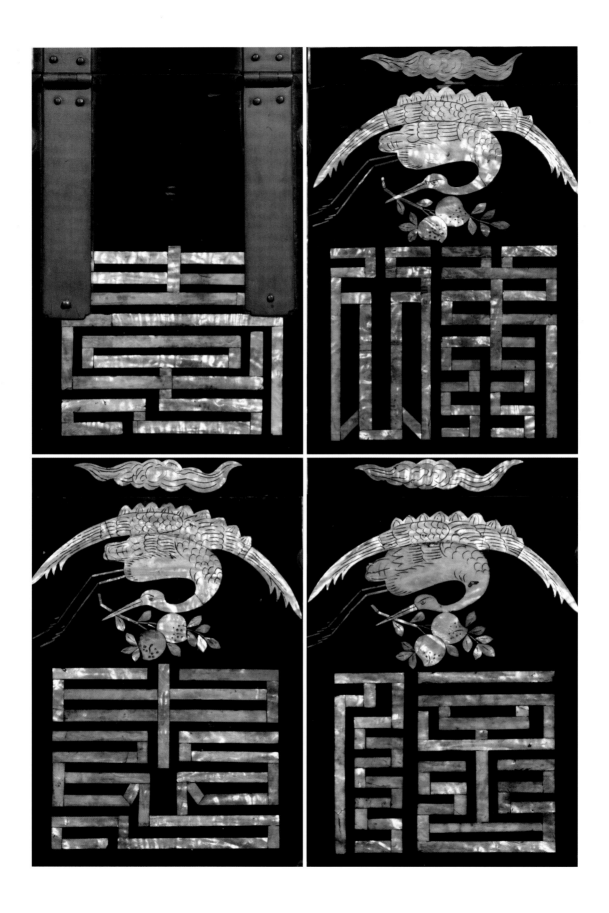

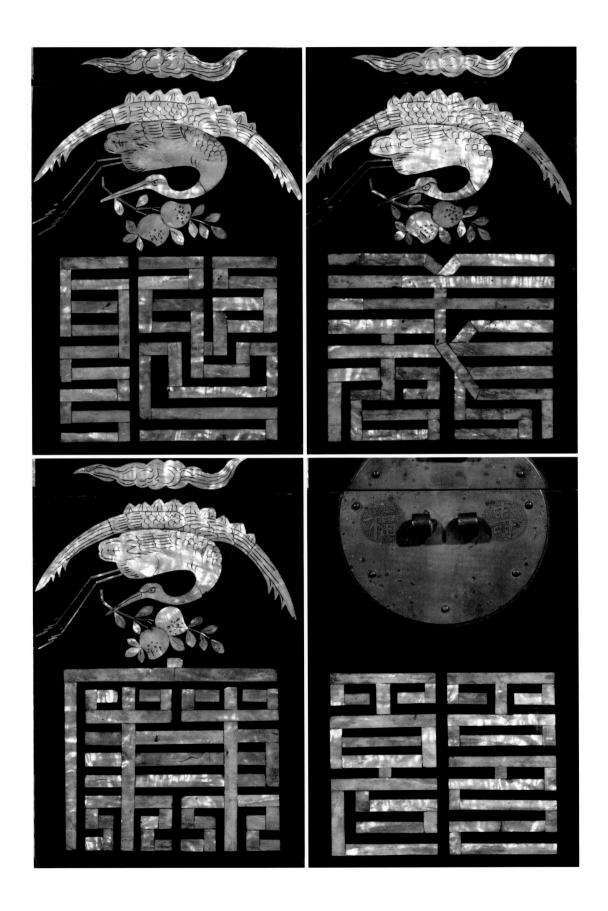

100 희자무늬

나전희자문상자 螺鈿喜字紋箱子
조선 19세기, 호림박물관, 높이 17.1cm 너비 59.0cm 길이 38.5cm

'Hee [喜]' Character Pattern
Lacquered Box Inlaid with Mother-of-Pearl
Joseon dynasty, 19th century, Horim Museum

사각의 나전 상자로, 각 면은 흑칠을 한 바탕이 보이지 않을 정도로 나전을 빼곡히 붙였다. 나전을 붙일 때에는 자개를 인위적으로 균열시키는 타찰법을 사용하였다. 천판의 중앙에는 둥근 구획 안에 쌍희囍자무늬를 배치하였으며, 옆면의 중앙에도 마름모 모양으로 흑칠을 남겨두고 그 가운데에 별 모양의 꽃무늬를 시문하였다. 단을 이루면서 나와 있는 바닥 부분에는 원형과 마름모꼴 자개를 일정한 간격을 두고 교대로 배열하였다. 천판 중앙과 옆면 아래쪽의 테두리에는 어피와 꼰 동선으로 장식하였다.

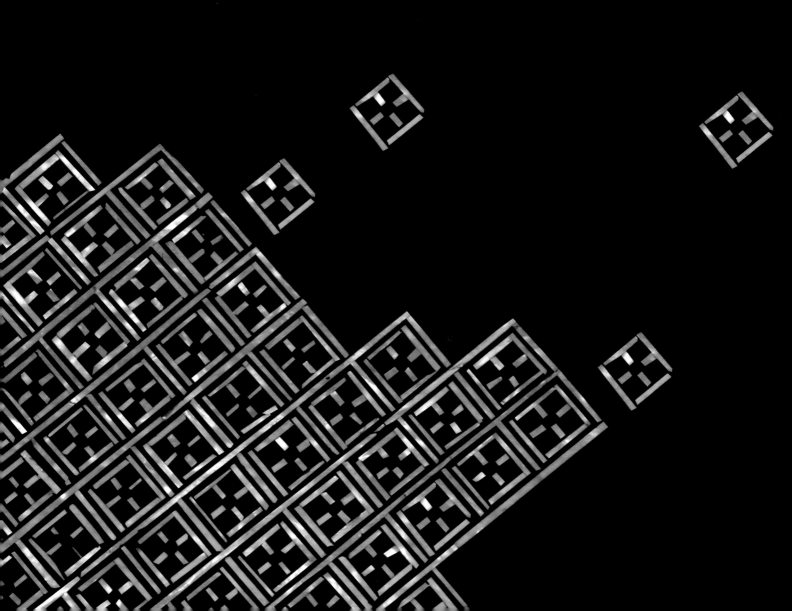

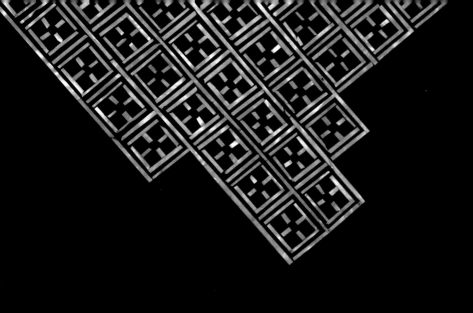

기하무늬

幾何紋

기하
무늬

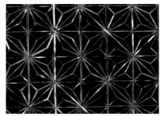

그림 1 국화무늬

幾
何
紋

Geometric
Pattern

기하무늬는 점, 선, 면을 연속 배열하거나 교차하여 무늬를 만드는 방법으로 무늬의 가장 기본이라고 할 수 있다. 다양한 종류의 직선, 곡선을 비롯하여 사각형, 마름모, 육각형, 원형, 타원형 등 다양한 기하학 도형들로 무늬를 구성하게 되므로 단순한 점에서부터 복잡한 구성까지 그 종류와 형태가 셀 수 없을 만큼 다양하다.

기하무늬는 표현이 자유롭고 종류가 많으므로 재료의 특성을 가장 잘 보여줄 수 있는 무늬인데, 나전 공예의 경우 자개를 가는 선으로 오려낸 상사를 끊어 붙이는 끊음질을 이용하여 기하무늬를 만든다. 나전 공예에 보이는 대표적인 기하무늬의 종류에는 귀갑무늬, 해포무늬, 번개무늬가 있다. 화각 공예의 경우 기법의 특성상 무늬를 붓으로 그리기 때문에 같은 형태가 반복되는 기하무늬는 거의 보이지 않는다.

나전 공예의 무늬에서 특이한 점은 도형 이외의 일반무늬의 소재를 재구성함으로써 기하학적으로 표현하는 경우가 많다는 것이다. 예를 들어 093 반의 네 귀퉁이에 있는 사엽형 보배무늬는 기물무늬에 속하지만 단위 무늬를 연결하여 면으로 나타냄으로써 기하학적인 느낌을 살렸다. 또한 국화무늬를 기하학적으로 해석하여 표현하기도 하는데, 작업 과정을 보면 칸을 만들고 직선으로 된 자개를 끊어 붙이는 것이 보통 기하무늬를 시문하는 방법과 동일하다. 그림 1

이 밖에도 아卍자, 만卍자 등의 문자무늬를 확장시켜 기하학적인 느낌의 무늬를 표현하기도 하는데 이는 비

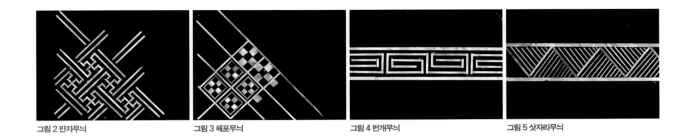

그림 2 만자무늬　　　　그림 3 해포무늬　　　　그림 4 번개무늬　　　　그림 5 삿자리무늬

단 나전의 무늬뿐 아니라 다른 분야의 무늬에서도 많이 찾아볼 수 있는 현상이다. **그림2**

　　귀갑무늬는 육각형을 연이어 붙인 모양으로 거북의 등껍질 같다 해서 귀갑龜甲무늬, 또는 구갑무늬라고 부른다. 육각형을 이루는 선은 한 줄이 기본이나 두 줄로 표현하기도 하며 육각형 내부에 장식을 더한 것도 있다. 101 안경집의 경우 이중 육각무늬 안쪽을 미米자를 도안화한 기하무늬로 장식하고 있다.

　　해포海泡무늬는 정사각형이 사방으로 연속되는 형태를 기본으로 하여 그 안을 다시 선과 면으로 채우는 무늬로 회포무늬라고도 한다. 해포는 바다의 거품이라는 뜻인데 파도가 친 다음 보이는 포말을 기하학적으로 해석해서 만든 무늬로 생각된다. 102 연상처럼 선으로만 구성된 것과, 선과 면을 섞어서 표현하는 것이 있다. **그림3**

　　번개무늬는 일명 뇌문雷紋이라고도 하는데, 번개의 모습을 형상화하여 직선으로만 구성한 무늬이다. 이 무늬는 자연현상에서 기원하였으나 기하무늬로 정착하였다. 번개무늬는 그 변형이 다양한데, 무늬를 이루는 선을 여러 겹으로 중첩하여 변화를 준다. 무늬가 구성된 모양이 성벽과 같다해서 '성터뇌문'이라 하기도 한다. **그림4** 번개무늬를 이루는 짧은 축의 개수를 '끝수'라 하는데 끝수가 4개 이상인 경우에 고등뇌문이라는 명칭을 사용한다. 번개무늬는 중심 무늬로 사용한 경우가 없고 모두 보조 무늬로 사용하였다. 099 함과 같이 다른 무늬를 구획할 때 쓰이거나 098 연상의 가장자리에서 볼 수 있는 것처럼 기물

의 모서리나 귀퉁이를 장식하는 데 사용하였다.

　　삿자리무늬는 돗자리 모양과 같다 해서 붙여진 이름으로 톱니 모양으로 구획하고 그 안을 평행선으로 채운 무늬이다. **그림5** 번개무늬와 유사하게 보조 무늬로 많이 쓰이며 역시 다른 무늬의 구획선이나 테두리 등으로 사용한다.

　　나전 공예에서 기하무늬는 일반적으로 보조 무늬로 많이 이용하였다. 고려시대 나전칠기에 보이는 기하무늬는 국화무늬 또는 모란넝쿨무늬 등 중심 무늬의 테두리를 장식하는 보조 무늬로 사용하였다. 무늬의 형태 또한 단선이나 곡선, 원 등에 한정된다. 그러나 조선시대 후기인 18~19세기에 접어들면 기하무늬로 기물의 전체 면이 장식된 유물들도 나타나기에 이른다. 이 시기에는 기하무늬의 종류 또한 매우 다양해진다.

　　이렇게 기하무늬가 발달하게 된 것은 끊음질 기법의 유행과 관련이 있다. 고려시대에는 끊음질 기법이 경전함이나 조선시대 전·중기의 넝쿨 줄기 등을 표현할 때 부분적으로 사용되었지만 그 쓰임은 많지 않았다. 그러나 조선시대 후기에는 상사를 일정한 길이만큼 잘라 붙이는 끊음질이 크게 발달하였고 그에 따라 끊음질로 표현하기에 적당한 기하무늬가 유행하였던 것이다.

101 귀갑무늬

나전귀갑문안경집 螺鈿龜甲紋眼鏡匣

19~20세기 초, 국립중앙박물관, 길이 17.0cm 너비 7.0cm

Tortoise Shell Pattern

Lacquered Glasses case Inlaid with Mother-of-Pearl

19th ~ Early in the 20th century, The National Museum of Korea

표면을 나전으로 꾸민 안경집이다. 테두리는 번개무늬로 돌리고 위아래 양끝에는 주석제 꽃 장식을 이용하여 줄을 달았다. 안경집의 앞면과 뒷면 전체에는 귀갑무늬를 표현하였다. 두 줄의 귀갑무늬 내부에는 '米' 모양을 넣어서 기하학적인 느낌을 더하였다. 끊음질로 된 기하무늬를 전체 면에 장식한 점을 통해 조선시대 후기 나전칠기의 기하무늬 유행 양상을 엿볼 수 있다.

102 해포무늬

나전해포문연상 螺鈿海泡紋硯床
19~20세기 초, 국립중앙박물관, 높이 26.7cm 너비 36.7cm 길이 24.4cm

Geometric Pattern
Lacquered Inkstone Table Inlaid with Mother-of-Pearl
19th ~ Early in the 20th century, The National Museum of Korea

조선시대 사대부들이 사용하던 연상으로 나전 장식이 화려하다. 조선시대 문방용품들은 대개 선비들의 취향을 반영하여 장식이 배제되거나 단순하고 소박한 장식이 표현되는 경우가 많다. 하지만 조선시대 후기에는 부富를 축적한 계층에서 문방용품을 사용하게 되면서 화려한 나전 장식이 더해진 문방구류가 등장한다. 이 연상도 이와 같은 당시의 경향이 반영된 예로 전체 면에 해포무늬를 시문하였다. 해포무늬는 바다의 파도에서 일어나는 포말을 형상화하여 만든 무늬이다. 이 연상에서는 정사각형을 기본 단위로 사방으로 연속 배치하였으며 끊음질을 사용한 기하무늬의 멋을 잘 살리고 있다.

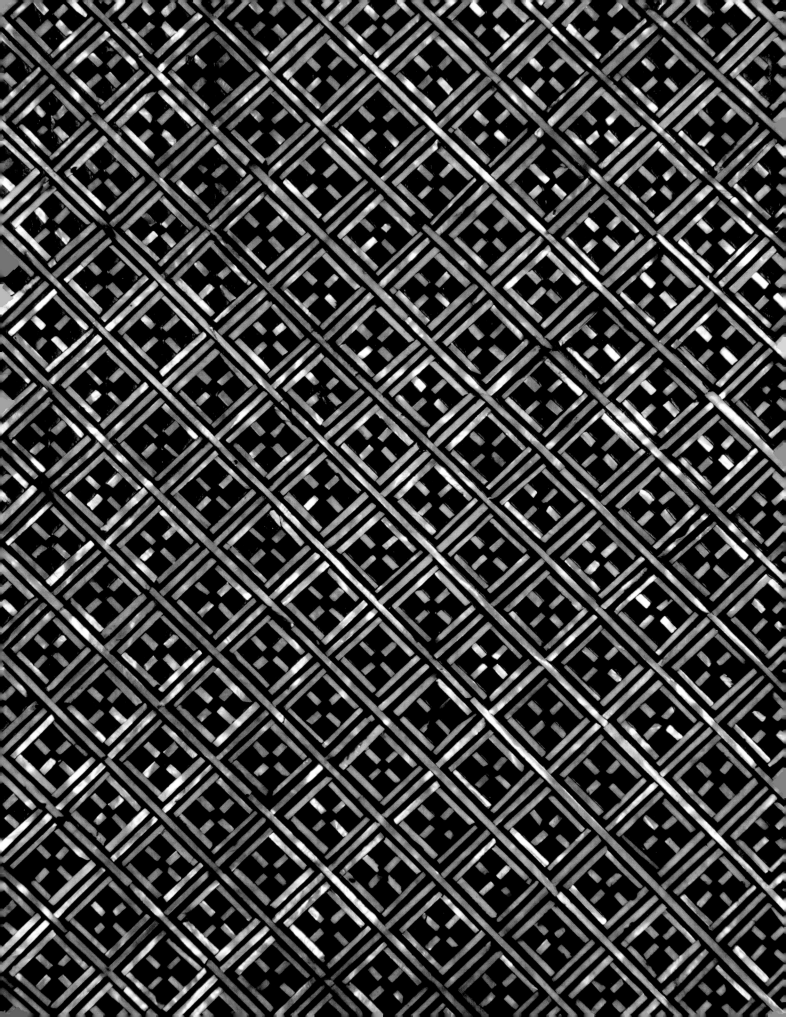

103 번개무늬

나전매죽문실패 螺鈿梅竹紋絲捲

19~20세기, 경기도박물관, 너비 13.0cm 길이 7.0cm

Fret Pattern

Lacquered Spool Inlaid Mother-of-Pearl

19th~20th century, Gyeonggi Provincial Museum

직사각형의 실패이다. 한쪽 면에는 매화 꽃가지에 꽃과 꽃봉오리가 달린 모습을 시문하였는데 현재 꽃은 박락된 상태이다. 다른 한쪽 면은 대나무를 간략화하여 장식하였다. 이 실패에 시문된 무늬는 앞면과 뒷면을 조합하여 매죽무늬를 이루고 있다. 매화와 대나무 모두 가지는 끊음질로 표현하였으며 매화의 꽃봉오리와 대나무 잎은 주름질로 표현하였다. 양면 모두 번개무늬 테두리를 둘렀는데 요철凹凸 모양을 이중으로 시문한 가장 기초적인 번개무늬이며, 모두 봉 상사를 이용한 끊음질로만 표현하였다.

인물무늬

人物紋

FIGURE PATTERN

인물
무늬

人
物
紋

Figure
Pattern

인물무늬는 사람의 얼굴 또는 몸 형태를 무늬로 나타낸 것이다. 우리나라에서는 인물이 비교적 이른 시기부터 무늬의 소재로 활용되었을 것으로 짐작된다. 인물무늬가 본격적으로 전통 무늬의 하나로 자리 잡는 것은 고려 12~13세기경의 청자의 포도동자무늬이다. 서역西域 지방에서 유래된 이 무늬는 고려시대 우리나라 미술품에 나타나기 시작하여 이후 조선시대의 각종 공예품, 직물 등의 무늬로 널리 애용되면서 변화, 발전하였다.

조선시대 나전과 화각 공예품에서 인물무늬가 나타나는 것은 조선시대 후기에 접어들면서부터이다. 나전과 화각 공예에 보이는 인물무늬는 세 가지 유형으로 나누어볼 수 있다. 첫째, 산수무늬나 포도무늬 등의 다른 무늬와 인물을 함께 배치한 것, 둘째, 중국 고사의 한 장면을 묘사한 것, 셋째, 불교나 도교의 상징성을 지닌 인물을 표현한 것이 그것이다.

다른 무늬와 인물을 함께 배치한 유형에서는 인물무늬가 매우 작게 표현된다. 산수무늬와 함께 배치되는 경우에는 화면 전체에 산과 강, 나무, 누각 등을 배치하고 인물무늬는 부속물 수준으로 아주 작게 묘사한다. 이러한 특성은 포도넝쿨과 인물을 함께 표현할 때도 두드러진다. 포도넝쿨에는 주로 어린아이의 모습을 한 동자를 배치하는 것이 일반적인데 104 상자와 같이 도안화된 포도넝쿨무늬를 모든 면에 깔고 동자는 그 사이 사이에 작게 묘사한다. 구획을 나누어 무늬를 배치하는 화각 공예품의 경우 한 구획 안에 인물을 크게 묘사하며 110 함에서 보는 것과 같이 다른 소재와 결합하여 표현한다. 소를 타고 피리를 부는 동자, 영지가 담긴 광주리를 매고 사슴을 타고 있는 동자, 그리고 석류를 들고 있는 아낙 등이 그 예이다. 인물과 함께 배치되는 소재는 모두 길상의 의미를 지닌 것들이다.

　　중국 고사의 한 장면을 표현한 무늬로 대표적인 예는 다섯 신선이 바둑을 두고 있는 오선위기五仙圍碁를 들 수 있다. 오선위기 장면은 조선시대 후기 회화로도 많이 그려졌는데, 진나라 시황제 때 난세亂世를 피해서 산 속에서 은둔 생활을 즐겼던 은일자隱逸者의 모습을 묘사한 것이다. 이 무늬는 바둑을 두는 두 인물을 중심으로 주변에 시종, 나무, 바위 등으로 구성된다. 이들이 이루는 구도는 회화 작품에서도 쉽게 찾아볼 수 있는 것으로, 오선위기의 화면 배치와 구도는 정형화되어 당시 하나의 유형으로 자리 잡았음을 알 수 있다. 이 무늬에는 신선의 삶을 동경하여 현실의 고난을 잊고 싶어 하는 당시 사람들의 바람이 담겨 있다.

　　불교나 도교의 상징성을 나타내는 무늬는 그 수가 많지 않다. 108 함은 불교적 소재가 그려져 불상과 함께 상상 동물을 표현해놓았다. 그러나 불상의 세부적인 형식을 완숙하게 표현하지 못했을 뿐만 아니라 불상을 장엄하는 주변의 불구佛具들에 대한 이해도 부족하다. 즉 불상을 불교의 교주教主로서의 의미로 파악하기보다는 하나의 상서로운 존재로 인식하여 무늬의 소재로 채택한 것으로 보인다. 도교사상을 반영하고 있는 것으로는 109 함의 인물을 들 수 있다. 이 인물은 학을 타고 있어 도교의 상징임을 알 수 있는데 이는 학이 '신선의 사자'라 일컬어지기 때문이다. 대개 학을 타고 있는 인물은 동자나 나이가 든 선인의 모습 등으로 표현된다.

　　조선시대 후기 나전 · 화각 공예품의 무늬는 회화의 영향을 받은 것이 많다. 인물무늬는 특히 그러한 면이 두드러지며 구도와 소재 면에서 많은 공통점을 찾을 수 있다. 산수무늬에 포함되는 인물, 고사의 일부인 인물은 산수도와 화보의 영향이 짙으며 불교와 도교의 상징성을 지닌 인물무늬는 민화와 관계가 깊다고 할 수 있다.

104 동자와 포도넝쿨무늬

나전포도동자문상자 螺鈿葡萄童子紋箱子
조선 18~19세기, 일본 도쿄국립박물관, 높이 17.6cm 너비 76.5cm 길이 48.0cm

Boy and Grapevine Pattern
Lacquered Box Inlaid with Mother-of-Pearl
Joseon dynasty, 18th~19th century, Tokyo National Museum, Japan

직사각형 상자에 포도동자무늬를 나전으로 장식하였다. 자유롭게 곡선을 이루면서 뻗어 있는 넝쿨에는 크기가 다른 잎과 포도가 달려 있고, 동자는 포도넝쿨줄기에 매달려 놀고 있는데 큰 잎과 포도송이의 묘사에 비해 동자는 매우 작게 표현되었다. 또한 이 상자의 동자무늬는 사실적인 포도넝쿨무늬에 비해 단순화된 형태로 율동감에 초점을 맞추어 표현하였다. 기면 전체에 시문된 무늬는 주름질로 제작되었으며 타찰법을 사용하여 모든 무늬에 균열이 보인다. 이러한 포도동자무늬는 조선시대 후기 나전칠기뿐아니라 각종 공예품에서 많이 볼 수 있다.

105 인물무늬

나전산수인물문이층농 螺鈿山水人物紋二層籠

19~20세기, 일본 덴리대학교 부속 덴리참고관, 높이 55.7cm 너비 69.8cm 길이 36.3cm

Figure Pattern

Lacquered Compound Wardrobe Inlaid Mother-of-Pearl

19th~20th century, Tenri University Sankokan Museum, Japan

둘로 분리되는 농 한 쌍이다. 전체 면에 나전 장식을 하였으며, 윗단과 아랫단에는 같은 무늬를 시문하였다. 하나의 농은 3단으로 화면이 나뉘는데, 여닫이문에는 소나무 아래에서 바둑을 두는 세 인물과 그 옆에서 차를 끓이는 시자侍子가 있으며, 한쪽으로는 말을 타고 다리를 건너는 인물과 한 쌍의 학을 표현하였다. 이 무늬는 106 기반과 같은 오선위기 고사를 기본으로 한 것인데, 106 기반과는 무늬의 구도에 차이가 있다. 인물과 동물무늬는 주름질과 모조법으로 만들어졌고, 소나무 잎 등은 끊음질로 표현하였다. 각 사물의 특성에 따라 적절한 기법을 사용하여 장면을 정확하게 묘사하고 있다.

106 인물무늬

나전산수인물문기반 螺鈿山水人物紋碁盤
19~20세기, 일본 고려미술관, 높이 29.5cm 너비 45.0cm 길이 45.0cm

Figure Pattern
Lacquered Korean Chess Table Inlaid with Mother-of-Pearl
19th~20th century, Koryo Museum of Art, Japan

정사각형의 바둑판으로, 바둑돌을 넣어두는 서랍 2개에 각각 나전으로 '흑기黑碁'와 '백기白碁'의 글자를 붙였다. 옆면에는 꽃이 만개한 매화나무와 괴석에서 자라난 대나무 그리고 학 한 쌍, 영지 등의 장생무늬長生紋, 소나무 밑에서 바둑을 두고 있는 인물들을 표현하였다. 바둑을 두고 있는 네 인물은 중국 진晉나라 유학자들로 진시황대의 난세를 피해서 장안長安의 상산商山에 은거하면서 장기나 바둑을 즐겼다는 오선위기 고사를 도안화한 것이다. 이 바둑판에 표현된 무늬들은 조선시대 후기의 회화에서도 즐겨 그려졌던 주제로, 바둑이 대중적인 오락으로 성행하였던 당시의 사회상이 반영된 것이라 하겠다.

107 인물과 산수무늬

나전인물산수문문갑 螺鈿人物山水紋文匣
20세기 초, 이화여자대학교박물관, 높이 42.4cm 너비 91.2cm 길이 25.2cm

Figure and Landscape Pattern
Lacquered Wardrobe Inlaid with Mother-of-Pearl
Early in the 20th century, Ewha Womans University Museum

문갑 전체에는 테두리로 아자무늬띠를 두르고 4개의 문판에는 끊음질로 사각형 구획을 하고
그 안에 산수인물무늬를 시문하였다. 각 장면은 중국의 고사에서 유래된 것으로 조선시대에
회화로 많이 그려졌던 내용이라는 점이 흥미롭다. 윗면과 옆면에는 64괘와 태극을 표현하였다.
이 문갑은 나전으로 장식한 무늬가 바탕인 흑칠과 같은 높이가 되도록 정교하게 손질한 고급
품이다.

108 불상무늬

화각장생문함 華角長生紋函
조선 19세기 전반, 일본 고려미술관, 높이 31.0cm 너비 48.5cm 길이 22.0cm

Buddhist Image Pattern
Chest Adhered with painted Ox-horn Sheet
Joseon dynasty, First Half of the 19th century, Koryo Museum of Art, Japan

직사각형 화각함인데, 소뼈로 계선을 박아 구획을 짓고, 그 안에 각각 다른 소재를 배치하였다. 그 종류로는 학과 양, 거북이, 용, 사슴, 호랑이, 코끼리, 해태, 불상 등이 있다. 붉은색과 초록색 등 강렬한 원색을 써서 그린 무늬들은 사실성은 떨어지지만 해학적이고 서민적인 취향으로 소재나 색채감 등에서 민화의 한 장면을 보는 듯하다. 한편 불상은 다른 소재와는 달리 불교에서 유래한 것이지만, 형태나 표현 방법 등을 살펴볼 때 다른 무늬들과 같이 길상의 의미로 사용된 듯하다.

374

109 동자무늬

화각장생문함 華角長生紋函
조선 19세기 후반, 일본 고려미술관, 높이 32.0cm 너비 46.0cm 길이 28.0cm

Boy Pattern
Chest Adhered with painted Ox-horn Sheet
Joseon dynasty, Second half of the 19th century, Koryo Museum of Art, Japan

직사각형 화각함으로 크기로 보아 옷을 보관하던 상자인 듯하다. 모서리는 붉은 바탕으로
하고 나머지 면은 노란색을 바탕색으로 삼았다. 직사각형으로 구획된 각 면에는 호랑이, 사자,
학, 거북, 코끼리, 사슴, 양, 박쥐 등의 동물과 영지, 모란, 복숭아, 소나무 등을 그렸다. 이들 소
재는 대부분 길상을 의미하는 소재이며 조선시대 후기 공예품 등에 무늬로 많이 쓰였던 것
들이다. 이 상자는 부분적으로 그림의 방향, 필치의 차이를 보이고 있어 부분적으로 후대에
수리되었음을 알 수 있다.

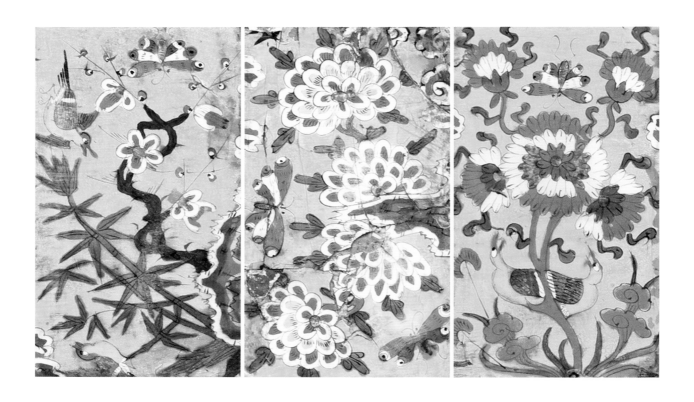

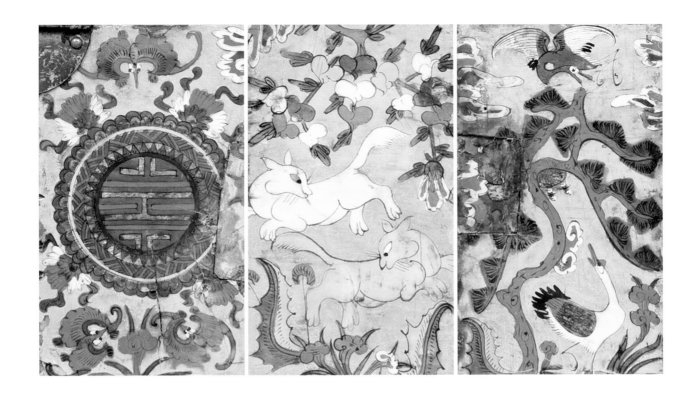

110 인물무늬

화각장생문함 華角長生紋函
조선 후기, 일암관, 높이 19.2cm 너비 19.5cm 길이 19.5cm

Figure Pattern

Chest Adhered with painted Ox-horn Sheet

Late Joseon dynasty, Iramgwan Collection

화각함 전체 면에 붉은색으로 바탕을 칠하고 이와 대비를 이루는 노란색, 초록색, 검은색, 흰색 등을 써서 그림을 그렸다. 뚜껑의 윗면을 4등분하여 봉황과 학 각각 한 쌍을 서로 마주보게 배치하였다. 옆면에는 석류를 들고 앉아 있는 여인과 소를 타고 피리를 부는 동자, 영지 광주리를 매고 사슴을 탄 동자의 모습이 보인다. 인물무늬는 착용하고 있는 의복과 머리 모양으로 그 특징을 나타냈다.

무늬 활용

紋樣活用

002 **모란넝쿨무늬** | 나전모란당초문상자

003 **모란넝쿨무늬** | 나전모란당초문상자

009 **모란넝쿨무늬** | 나전화당초문상자

016 **국화와 모란넝쿨무늬** | 나전국모란당초문상자

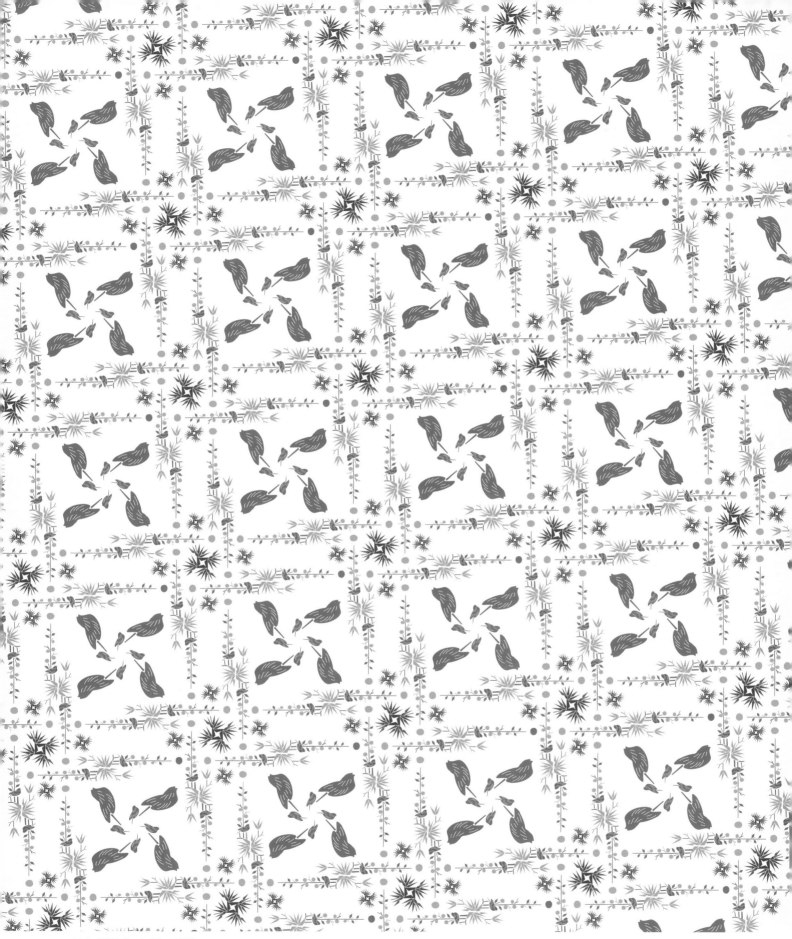

021 **사군자무늬** | 나전모란당초문상자

025 소나무와 대나무무늬 | 나전송죽모란당초문상자

026 소나무무늬 │ 나전십장생문빗접

028 포도넝쿨무늬 | 나전포도당초문상자

030 포도넝쿨무늬 | 나전포도당초문상자

032 석류와 복숭아무늬 | 나전도학문십이각관모함

033 용과 구름무늬 | 나전용문반짇고리

036 **용무늬** | 나전용문상자

037 용무늬 | 화각실패

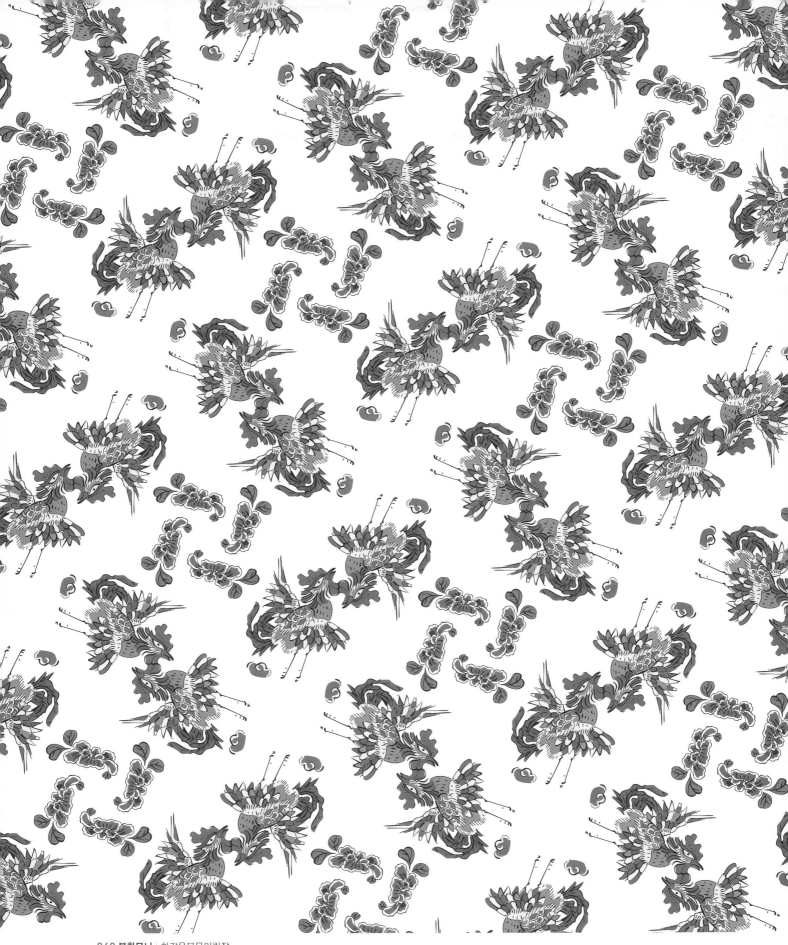

042 봉황 · 오동과 대나무무늬 | 나전장생문삼층농

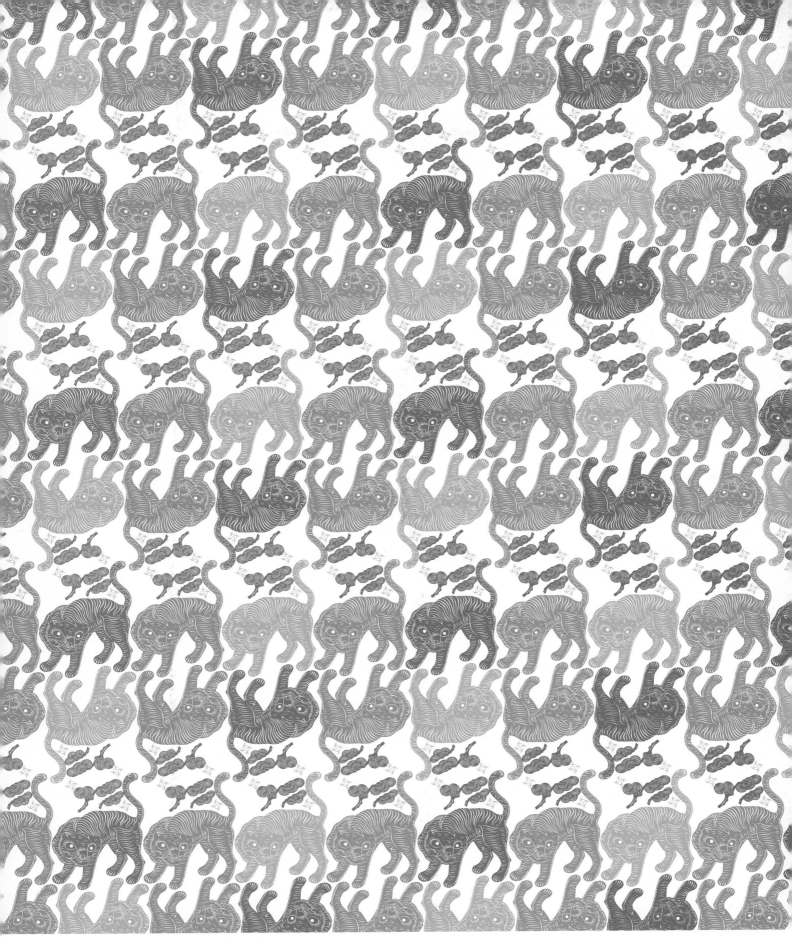

048 호랑이와 소나무무늬 | 나전송호문베갯모

051 토끼무늬 │ 화각장생문필통

053 다람쥐무늬 | 나전화조문반짇고리

054 십장생무늬 | 나전십장생문함

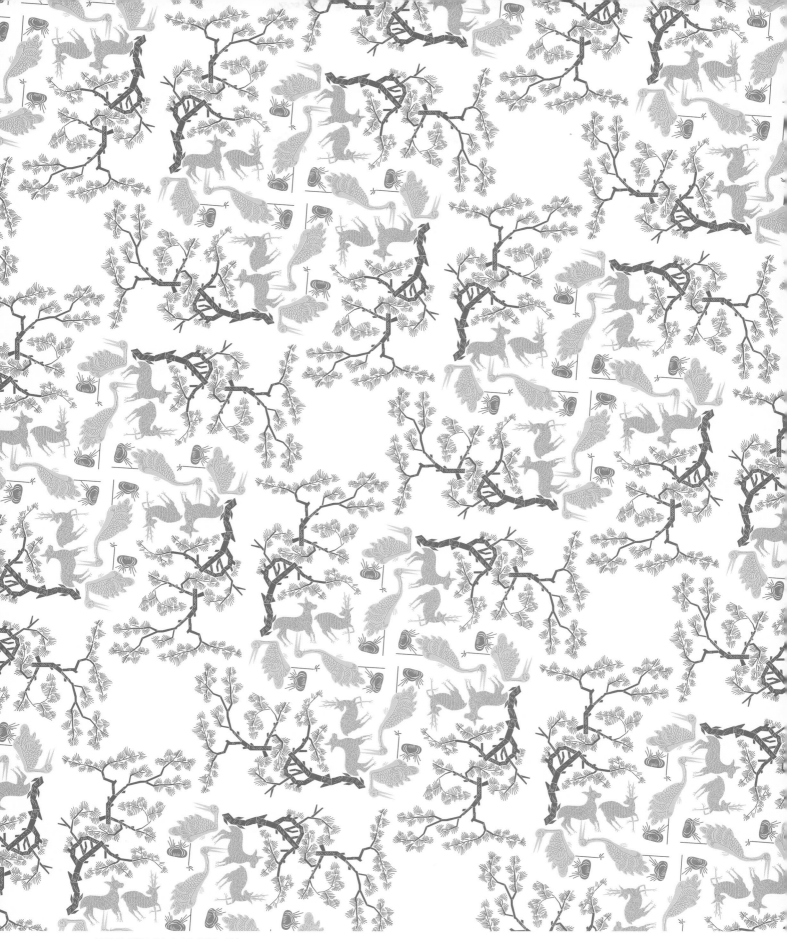

059 십장생무늬 | 나전십장생문함

060 학과 구름무늬 │ 나전운학매조죽문상자

061 학과 복숭아무늬 | 나전매조죽학문함

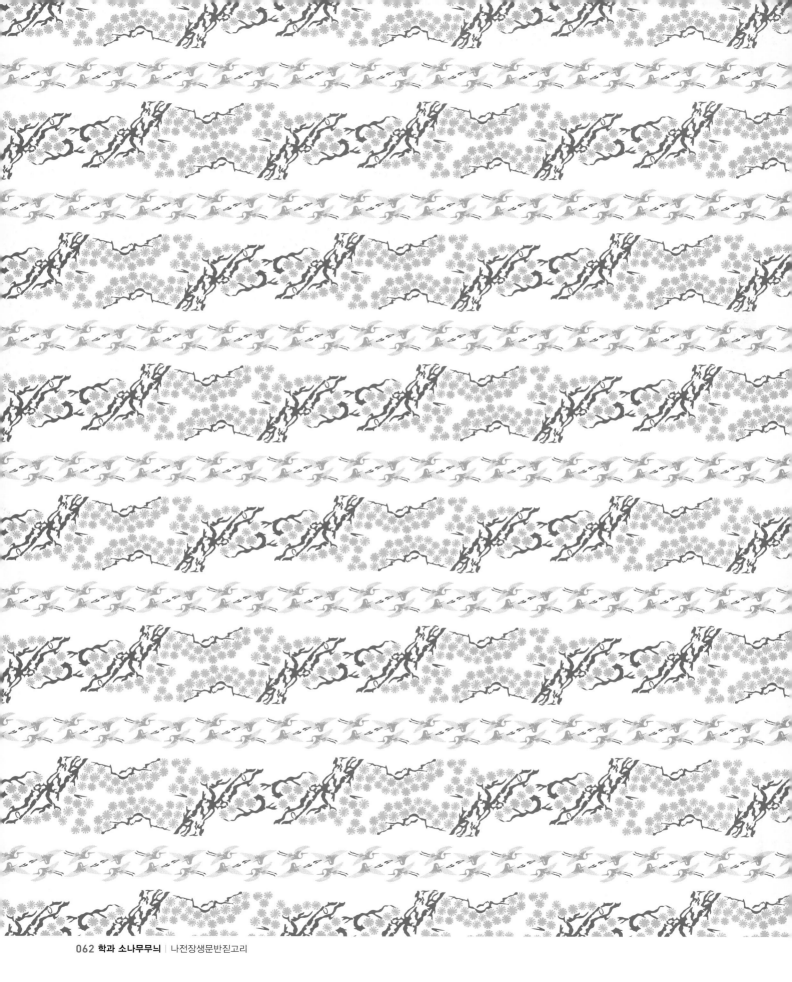

065 **학무늬** | 나전장생문빗접

067 원앙무늬 | 나전원앙문베갯모

068 새와 매화무늬 | 나전운봉화조문빗접

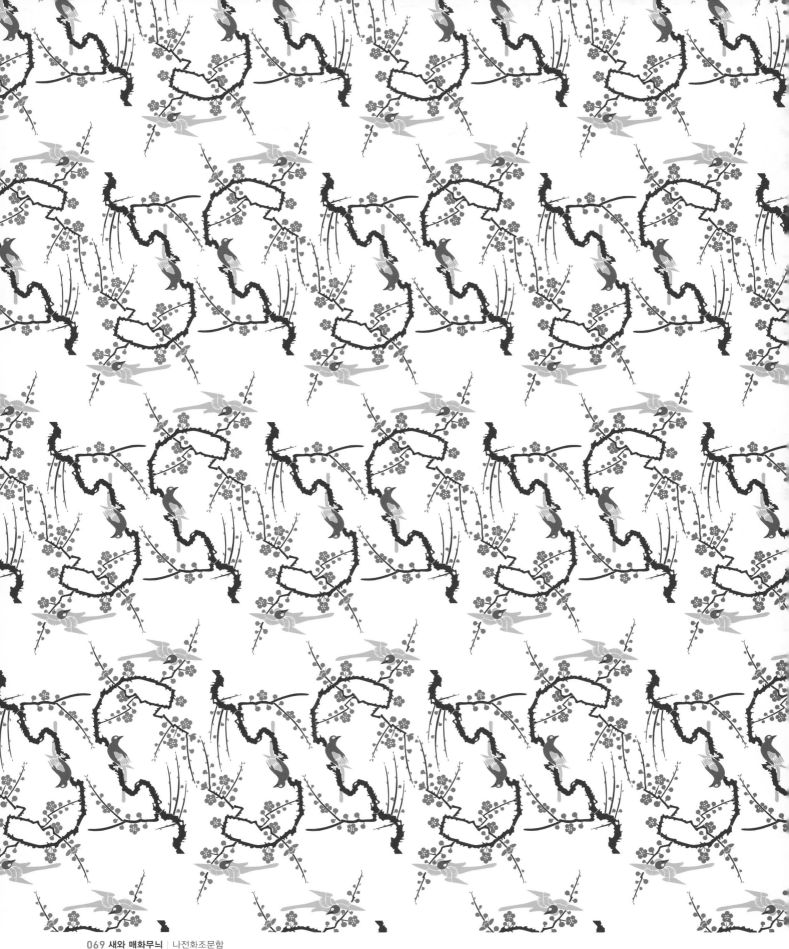

070 새와 매화무늬 | 나전시구화조문필통

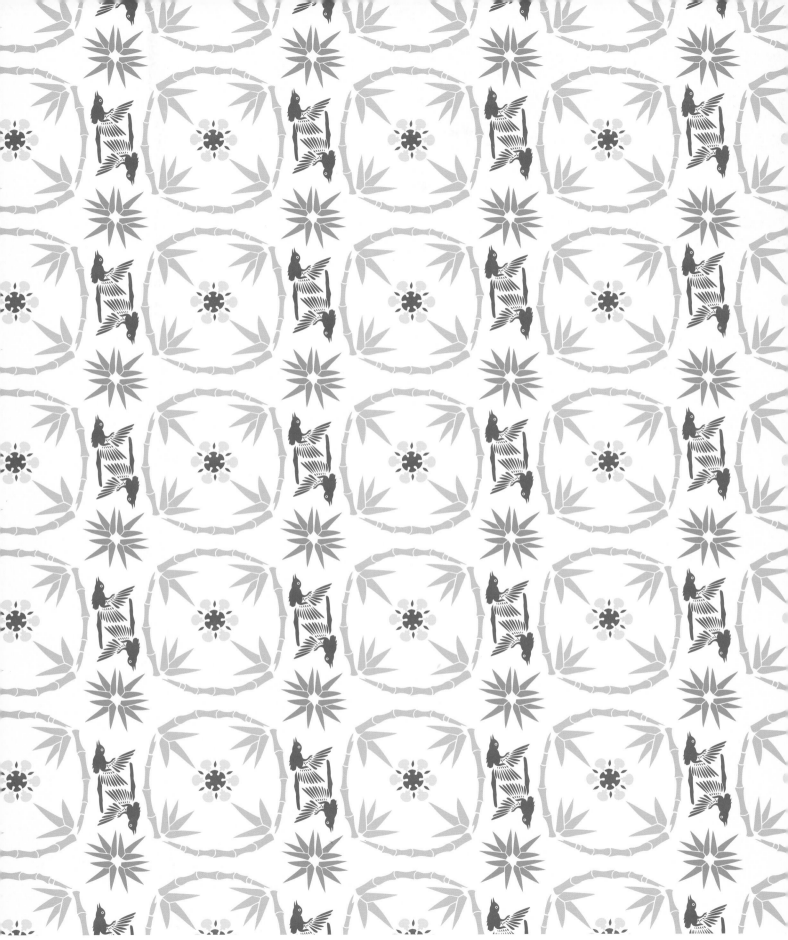

071 새 · 매화와 대나무무늬 | 나전화조문상자

072 새와 매화무늬 | 나전화조문상자

073 박쥐무늬 | 나전편복매죽수자문함

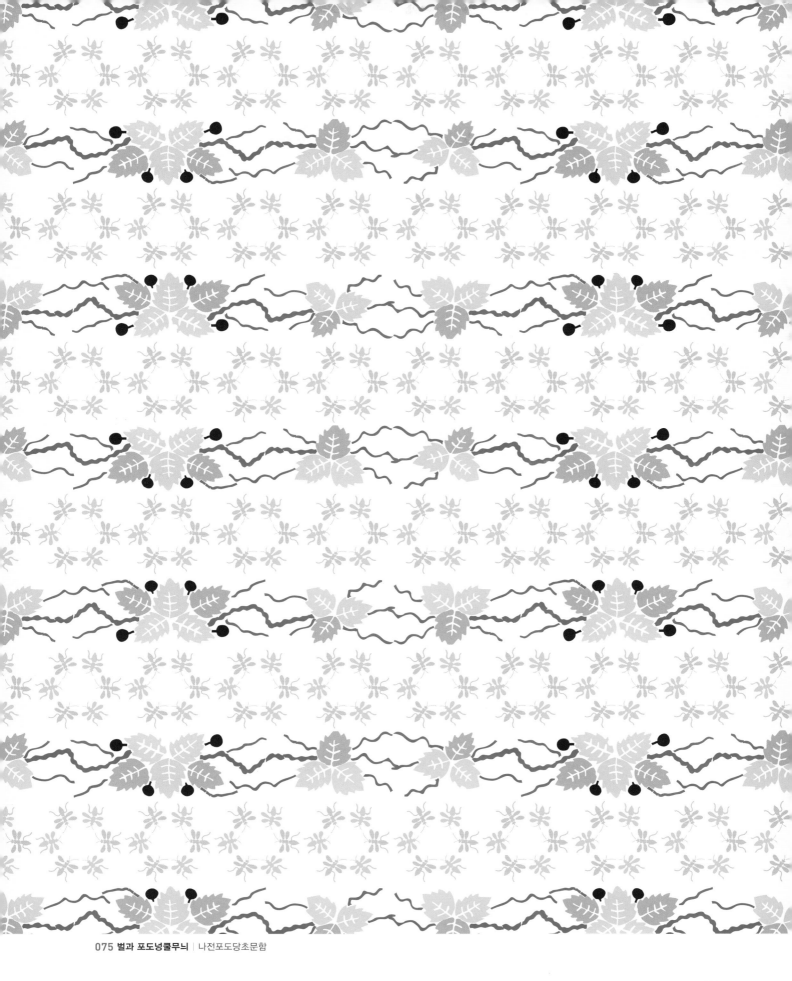

075 벌과 포도넝쿨무늬 │ 나전포도당초문함

076 **나비와 모란무늬** │ 나전모란사군자문상자

078 **거북과 물고기무늬** │ 나전귀어문일주반

081 물고기무늬 | 나전연상

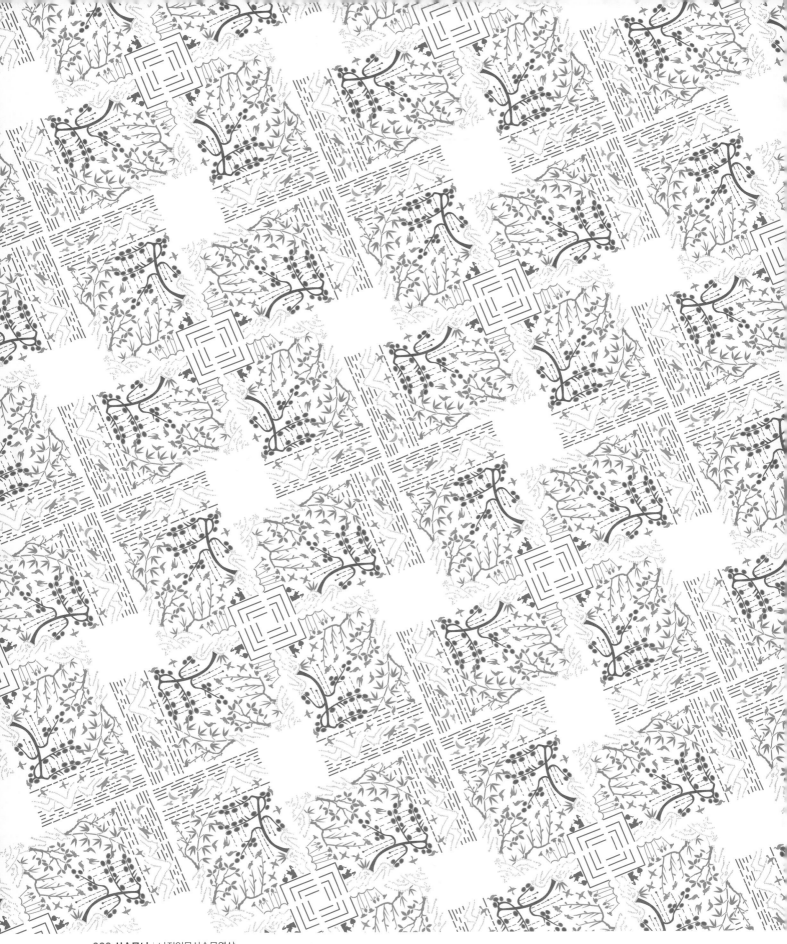

083 **산수무늬** | 나전인물산수문연상

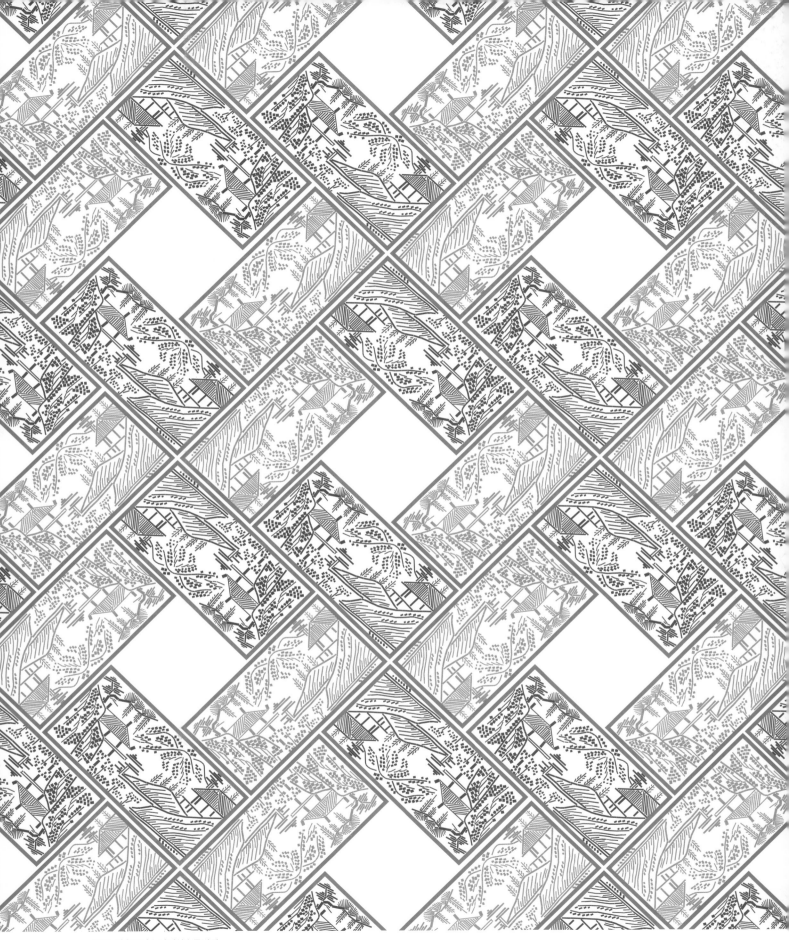

089 구름무늬 | 나전어피쌍용문이층농

091 물속풍경무늬 | 나전장생문십이각호족반

092 **물속풍경무늬** │ 나전어문대야

097 **수자무늬** | 나전귀갑수자문말안장

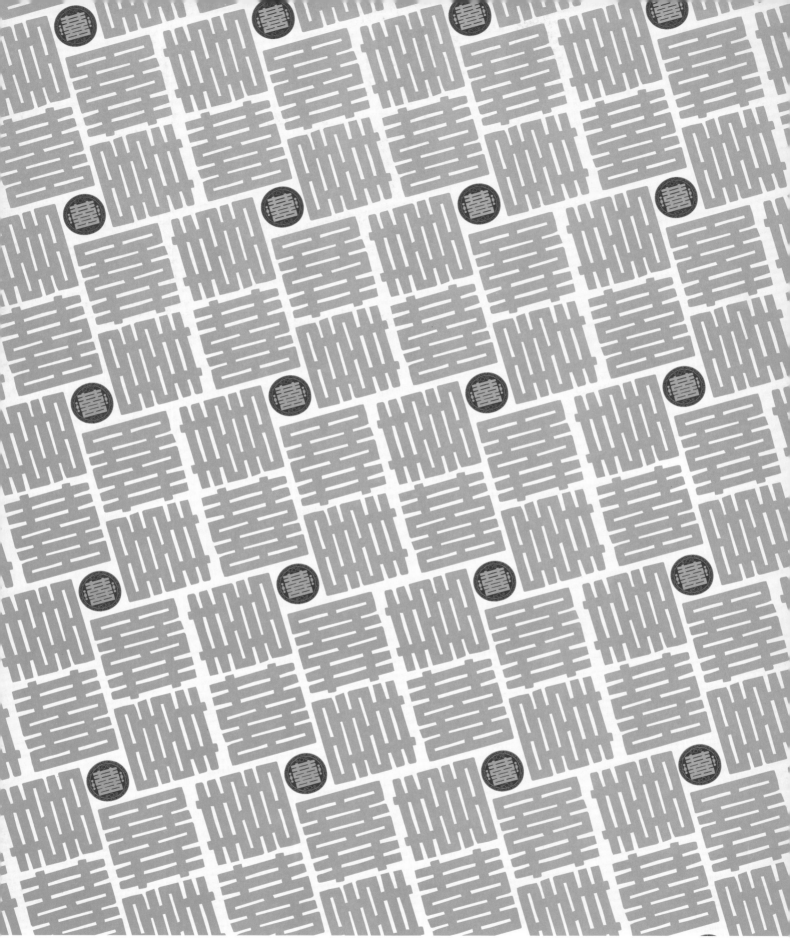

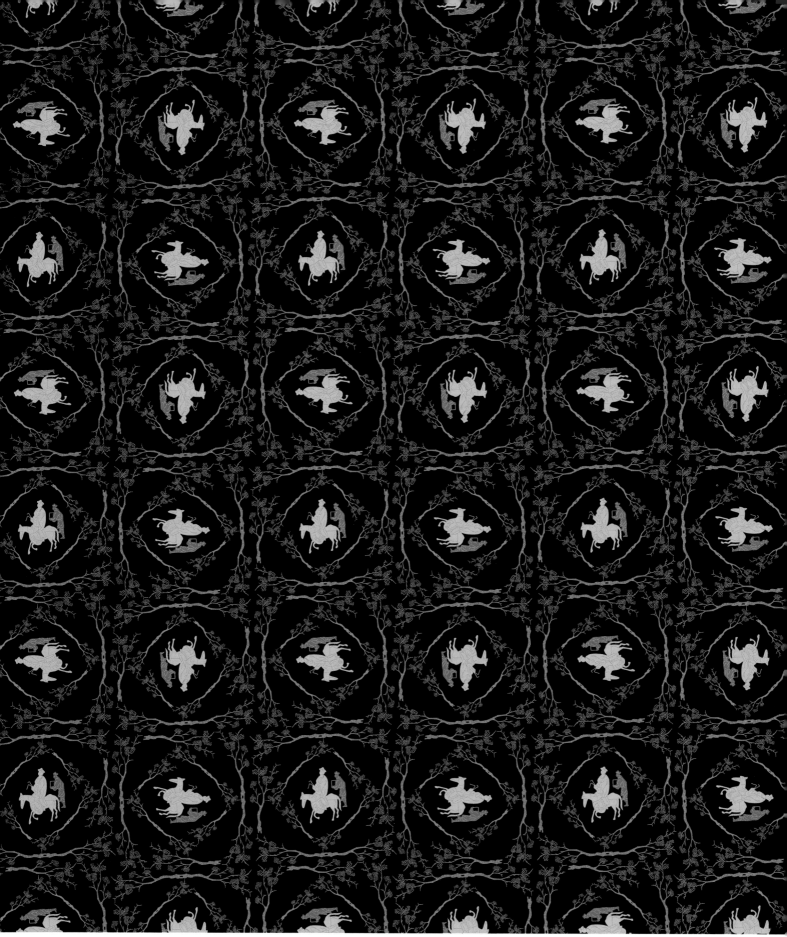

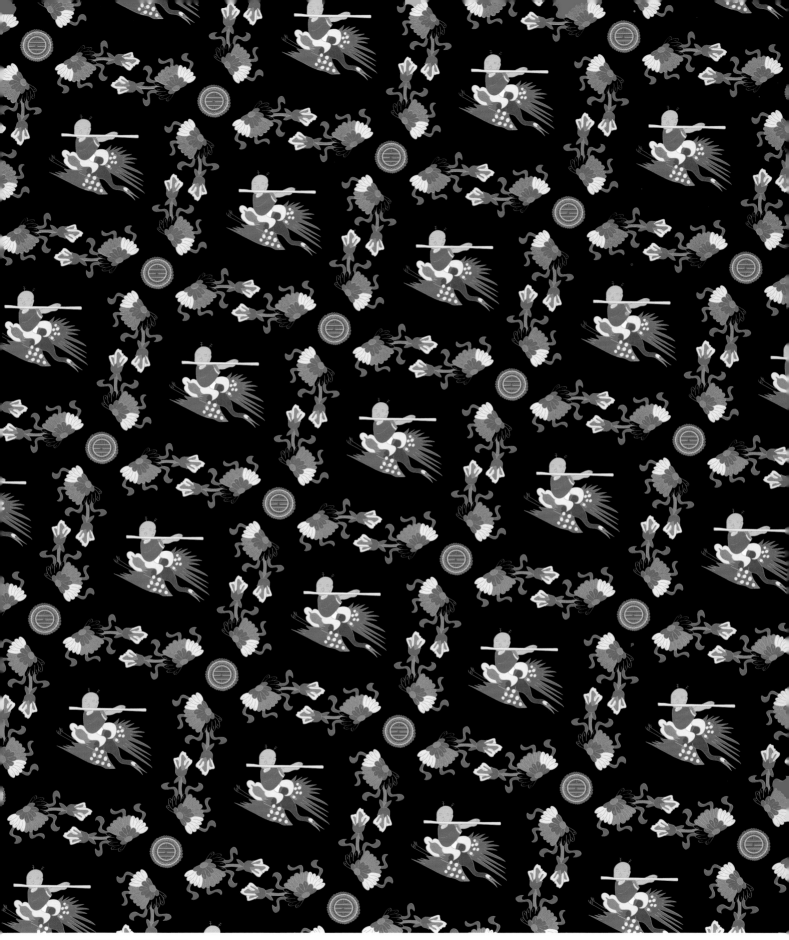

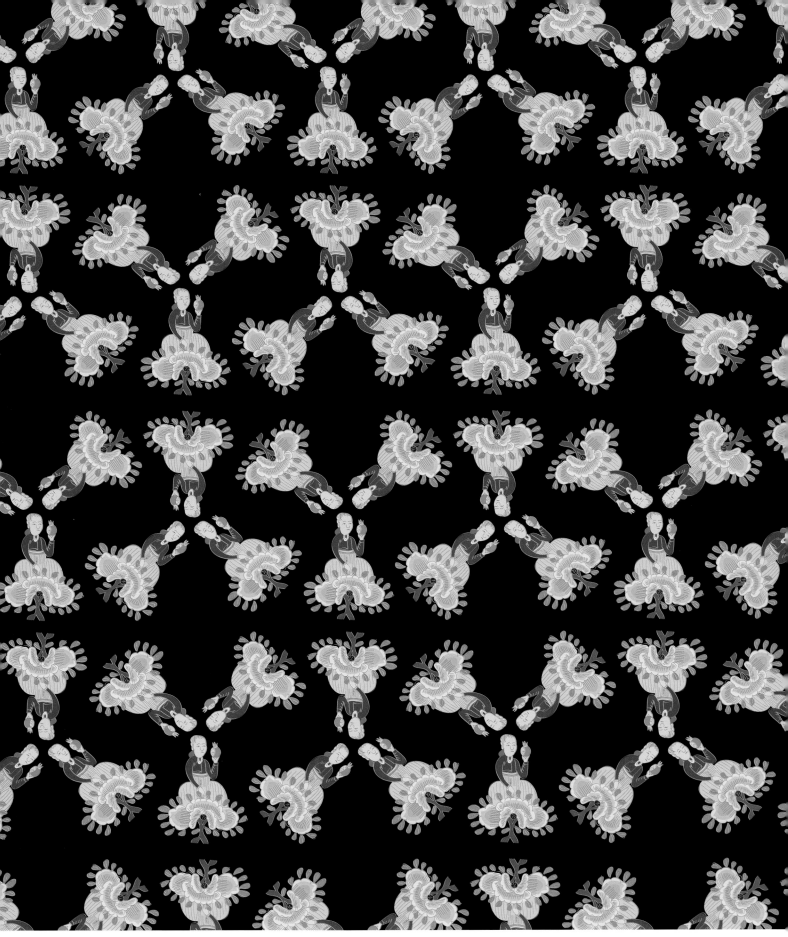

용어 설명

감입법 嵌入法

일명 상감법象嵌法이라고도 하는데, 파고 박는 굴입식堀入式과 눌러 박는 압입식壓入式 두 가지 방법이 있다. 굴입식 장식법은 칠면에 자개 무늬의 윤곽대로 파내고 옻칠을 넣고 자개를 끼워 박아 고정시키는 방법으로 후패厚貝를 쓰는 경우에만 사용한다. 이 기법은 대개 투명한 옻칠을 올리거나 옻칠을 하지 않은 목공예품에 자개 무늬를 장식하는 경우 사용한다. 압입식 장식법은 칠면에 바탕 옻칠을 두껍게 올리고 그 위에 자개 무늬를 눌러 고착시키는 방법이다. 후패로 된 자개 장식에서 쓰이던 기법으로 생각되며 박패薄貝에 쓰면 자개의 무늬가 깨지기 쉽다.

감잡이

거멀잡이 혹은 거멀감잡이라고도 하며 가구의 천판, 옆모서리 등을 감싸면서 구부려 댄 쇠 장식을 말한다. 두꺼운 못과 같은 형태가 많다.

끊음질 切貝法

사전에 준비된 가는 실 같은 자개, 즉 상사를 끊으면서 조직적이고 연속적인 무늬를 구성해나가거나 산수화의 필선을 따라 섬세하고 정교하게 끊으면서 붙여나가는 것을 끊음질이라 한다. 끊음질 기법은 자개를 절약할 수 있는 장점이 있고, 가는 곡선이나 짧은 직선들로 구성된 기하학적 무늬를 표현하는 데 절대적인 기법이다. 상사는 길고 얇은 것

일수록 사용하기 편하고 정밀하게 시문할 수 있다. 끊음질은 고려시대에 시작되었으나 조선시대에 성행했던 기법으로 현재까지 이어지며 한국 나전칠기의 전통적인 기법이라 할 수 있다.

부식법 腐蝕法

산酸에 부식이 잘 되는 자개의 성질과 내산성이 강한 옻칠의 성질을 이용하여 단위 무늬를 만드는 방법으로 박패에만 쓴다. 도안이 세밀하고 굴곡이 심하여 주름질하기 힘든 곡선형 무늬들을 자연스럽게 만드는 데 적합한 기법이다. 자개를 기물 위 혹은 칠화판 위에 놓은 다음 옻칠로 도안을 그리고, 기타 부분은 염산과 초산으로 부식시킨 다음 깨끗한 물로 씻어 완성한다.

부착법 附着法

일명 매입법埋入法이라고도 한다. 칠면漆面 위에 자개 무늬를 붙이고 자개 두께만큼 옻칠로 채운 다음 자개에 묻어 있는 옻칠을 긁어내어 자개 무늬를 표현하는 방법이다. 부착법의 공정은 붙인 자개 무늬의 두께만큼 여러 번 옻칠을 하여 옻칠로 채우는 경우와 자개 두께만큼 토회칠을 바른 다음 그 위에 옻칠을 하여 자개 무늬 위에 덮인 옻칠을 긁어내어 자개 무늬를 나타나게 하는 방법이 있다. 자개 무늬를 붙이는 접착제로는 옻칠, 아교, 부레풀, 갓풀 등을 사용하고 있으나 아교와 부레풀, 갓풀 등은 습기에 약하다. 반면 옻칠은 접착성이 매우 강하여 한번 붙으면 뜨거운 물속에서도 잘 떨어지지 않는다.

상사 詳絲

얇은 자개를 상사기詳絲機 또는 상사거도詳絲鋸刀를 이용하여 가늘고 길게 실처럼 썰어놓은 것을 말하며, 봉 상사와 송곳 상사로 구분한다. 봉 상사는 위아래의 넓이가 같은 일─자형 상사로, 끊음질로 기하학적 무늬 등 직선 형태를 만들 때 주로 쓰인다. 봉 상사를 이용한 무늬로는 번개 · 귀갑 · 해포 · 삿자리무늬 등의 기하무늬와 수壽 · 수복강녕福康寧 · 희喜자 등의 문자무늬가 있다. 송곳 상사는 곡선 끊음질에 사용하는 것으로 위아래의 넓이를 서로 달리 하여 한쪽 끝을 뾰족하게 자른 상사이다. 송곳 상사로는 도안의 굵기, 길이에 따라 잘라 이어나가면서 무늬를 형성하며 주로 난 · 대나무 · 넝쿨무늬 등 식물무늬와 산수무늬를 묘사할 때 사용한다.

상사용 자개

상사거도와 줄

봉 상사

송곳 상사

시패법 蔣貝法

시패법이란 자개를 잘게 부수어서 만든 자개 가루를 칠면 위에 뿌려 붙이는 방법을 말한다. 이 방법은 우선 잘게 부순 자개 가루를 체로 쳐서 입자의 굵기별로 상 · 중 · 하로 분류하여 중간 것을 사용한다. 중간 굵기의 자개 가루를 미진패微塵貝라 하며 이 미진패는 주로 호화로운 작은 기물을 만들 때 사용한다. 자개 가루는 옻칠로 붙이는 것이 가장 우수하고, 두꺼운 자개보다 얇은 자개로 만든 가루를 붙인 것이 더 영롱한 빛깔과 아름다운 색상을 낸다. 시패 공정은 우선 칠면에 옻칠을 하고 건조되기 전에 미진패를 분통에 넣어 뿌린 다음 옻칠이 굳어 미진패가 고착되면 숫돌 갈기를 하고 도장 공정을 거쳐 완성한다. 이 시패법은 중국 원대元代 칠기에서 볼 수 있고, 우리나라에서는 조선시대 작품에서 드물게 볼 수 있다.

앞바탕

목재 가구나 소품의 앞면이나 옆면에 붙이는 쇠 장식을 가리킨다. 얇고 판판한 쇠로 장식이나 배목, 고리, 자물쇠 따위의 받침으로 붙이며 여러 가지 모양과 무늬가 있다. 앞바탕은 크게 두 가지 기능으로 쓰인다. 첫째, 들쇠나 자물쇠통이 가구 몸판에 닿지 않도록 하고 손이 많이 가는 곳이 닿지 않도록 하는 기능, 둘째, 자물쇠의 돌저귀를 고착시켜 가구 속의 물건을 안전하게 보호하는 기능이다. 예외적으로 기능과 관계없이 장식만을 목적으로 부착하는 경우도 있다.

조각법 彫刻法

자개를 양각 또는 음각으로 조각하여 무늬의 섬세한 표현 효과와 입체적 효과를 동시에 주는 기법이다. 조각법에는 부조법浮彫法과 모조법毛彫法이 있다. 부조법은 일명 패조법貝彫法이라고도 한다. 주름질로 제작된 자개에 부조를 하여 입체감을 나타내는 방법으로 후패厚貝인 진주패眞珠貝에서나 가능하다. 두꺼운 진주패를 주름질한 다음 수용성 풀로 목판이나 유리판에 붙이고, 조각도로 양각한 후 염산으로 부식시켜 칼자국을 없애 칠면에 장식한다. 모조법은 면형 자개 무늬를 기물에 부착 또는 상감한 다음 자개 표면에 새김칼로 줄금을 파서 칠이 완성된 후에도 모조된 부분에 옻칠이 남도록 하는 기법이다. 모조법을 쓰면 정교함이 더해지는 경향이 있다. 흔히 박패 무늬에 첨가되는 기법이기는 하지만 후패에서도 가능하다. 마감 옻칠 공정에 앞서서 모조를 하고 상칠 바르기를 한 다음 모조된 선 부분에만 옻이 남게 하면 선명한 효과를 얻을 수 있다. 모조법은 고려시대부터 조선시대에 이르는 나전의 장식 기법 가운데 가장 빈번하게 사용되었던 것 중 하나이다.

주름질 切拔法

계획된 도안에 따라 자개를 실톱, 가위, 칼 등으로 오리거나 자르고 줄칼로 다듬어 무늬를 만드는 것을 말하며, 주름질이라고도 한다. 고려시대부터 조선시대 중기까지는 차를 달인 물이나 식초에 자개를 담가 연질이 되게 한 다음 가위, 바늘, 송곳 등을 이용하여 단위 무늬를 만들었을 것으로 추정된다. 1900년대 이후에는 실톱의 보급으로 크고 작은 무늬들은 물론 아주 섬세한 곡선 등 세밀한 도안까지도 능률적으로 주름질할 수 있게 되었으며 오늘날까지 이어져오고 있다.

자개 오리기

종이(유산지)에 자개 붙이기

기물(백골)에 자개 붙이기

채화칠협 彩畵漆篋

평안남도 대동군大同郡 남정리南井里 116호분인 채협총彩篋塚에서 출토된 낙랑시대의 유물로, 높이 18cm, 너비 18cm, 길이 39cm 크기의 칠기이다. 대나무 껍질을 이중으로 짜서 만든 위에 칠을 입히고 그림을 그린 일종의 남태칠기藍胎漆器이다. 총 30명의 인물과 그 밖의 다양한 무늬가 그려져 있다. 색이 화려하고 인물의 표정, 모습 등이 다채로우며, 인물 그림 옆에는 신분을 나타내는 명문이 있다.

치패법 置貝法

자개 조각을 세모 · 네모 · 마름모 모양 등으로 잘게 잘라 칠면에 붙이는 방법이다. 치패법은 수목의 잎을 표현할 때나 상상의 무늬를 표현할 때 많이 사용한다.

타발법 打拔法

단위 무늬의 윤곽과 똑같은 모양의 날을 가진 금속강철제 끌로 자개의 한 단위를 따내는 기법이다. 나무판에 두꺼운 종이를 놓고 그 위에 박패를 밀착시킨 다음 강철제 끌을 수평으로 세워 망치로 쳐서 자개 무늬를 딴다. 타발법은 연속 무늬에만 가능하고, 극히 얇은 박패를 사용한 면형面形 무늬 제작에 유리하다. 그러나 타발법은 자개의 손실이 많고 후패로는 제작이 불가능한 단점이 있다.

타찰법 打擦法

15~16세기에 걸쳐 가장 성행했던 조선시대 특유의 나전 기법이다. 타찰법은 주름질된 자개의 곡면을 평면에 부착시키기 위하여 자개를 두드려서 인위적으로 균열이 나타나게 하는 방법이다. 면적이 큰 단위 무늬일수록 자개는 더 많이 휘어지므로 평평한 칠면에 밀착시키면 균열이 더욱 많아진다. 균열을 내는 방법은 크게 세 가지로 나뉜다. 첫째, 주

름질된 자개 무늬를 수용성 풀로 유산지에 붙여 고무판 위에 올려놓고 나무망치로 두드려 균열을 내는 방법, 둘째, 창호지나 올이 고운 베 등에 주름질된 자개를 붙인 다음 붓 대롱에 감아서 균열을 내는 방법, 셋째, 유산지에 붙어 있는 주름질된 자개에 송곳이나 바늘 끝으로 줄금을 새겨 넣고 압력을 가하여 균열을 만드는 방법이 그것이다.

할패법 割貝法

할나전割螺鈿이라고도 한다. 자개의 섭패贔貝 과정에서 파손된 분패粉貝나 좋지 않은 파패破貝를 나무판이나 고무판 위에 놓고 나무망치 등으로 두드려 부수어 여러 조각으로 나눈다. 이렇게 인위적으로 나눈 자개 조각을 칠면에 이어 붙이거나 불규칙한 모양으로 무늬를 나타내는 모자이크식 방법이다. 이 방법은 자개 면적의 한계를 극복할 수 있고, 파

손되거나 좋지 않은 자개 부스러기까지 활용할 수 있는 장점이 있다. 조선시대 초기의 나전 유물에서 종종 볼 수 있다.

◉ 표시를 한 유물은 한국기록문화연구소에서 직접 촬영한 것이다.

◎ 표시를 한 유물은 한국미술사진연구소에서 직접 촬영한 것이다.

015 국화넝쿨무늬
나전국당초문원형합
螺鈿菊唐草紋圓形盒
14~15세기, 일본 도쿄국립박물관
높이 6.1cm 지름 24.5cm

016 국화와 모란넝쿨무늬
나전국모란당초문상자
螺鈿菊牡丹唐草紋箱子
조선 16~17세기, 일암관
높이 7.5cm 너비 35.0cm 길이 25.0cm

017 연잎과 물고기무늬
나전연당리어문함지
螺鈿蓮塘鯉魚紋咸池
조선 19세기, 국립중앙박물관
높이 12.3cm 지름 37.5cm

018 연꽃무늬
나전연화문일주반
螺鈿蓮花紋一柱盤
조선 19세기 말~20세기 초, 이화여자대학교박물관
높이 23.2cm 너비 36.2cm 길이 22.0cm

019 매화무늬 ◉
나전화조문침척
螺鈿花鳥紋針尺
조선 18세기, 일본 야마토문화관
너비 2.0cm 길이 53.0cm

020 매화무늬 ◉
나전매월문합
螺鈿梅月紋盒
조선 18~19세기, 일본 야마토문화관
높이 4.8cm 지름 7.5cm

021 사군자무늬
나전모란당초문상자
螺鈿牡丹唐草紋箱子
조선 17~18세기, 국립중앙박물관
높이 9.9cm 너비 28.5cm 길이 28.5cm

022 사군자무늬 ◉
나전도학문원통형함
螺鈿桃鶴紋圓筒形函
조선 19세기, 일본 고려미술관
높이 14.7cm 지름 34.0cm

023 사군자무늬
나전사군자문호족반
螺鈿四君子紋虎足盤
조선 19세기, 디아모레뮤지움
높이 11.0cm 지름 25.0cm

024 꽃넝쿨무늬 ◉
나전화당초문함
螺鈿花唐草紋函
조선 19세기, 경기도박물관
높이 26.5cm 너비 75.0cm 길이 40.3cm

025 소나무와 대나무무늬
나전송죽모란당초문상자
螺鈿松竹牡丹唐草紋箱子
조선 18세기 후반~19세기, 일본 도쿄국립박물관
높이 21.5cm 너비 75.3cm 길이 44.3cm

026 소나무무늬
나전십장생문빗접
螺鈿十長生紋梳函
조선 19세기, 국립고궁박물관
높이 30.0cm 너비 24.5cm 길이 36.0cm

027 대나무와 학무늬
나전십장생문함
螺鈿十長生紋函
조선 19~20세기, 국립중앙박물관
높이 45.0cm 너비 82.0cm 길이 43.0cm

028 포도넝쿨무늬 ◉
나전포도당초문상자
螺鈿葡萄唐草紋箱子
조선 17세기, 일본 야마토문화관
높이 13.5cm 너비 73.0cm 길이 43.0cm

029 포도넝쿨무늬
나전포도당초문서류함
螺鈿葡萄唐草紋書類函
조선 18세기, 국립중앙박물관
높이 7.0cm 너비 37.5cm 길이 26.5cm

030 포도넝쿨무늬 ◉
나전포도당초문상자
螺鈿葡萄唐草紋箱子
조선 19세기, 국립민속박물관
높이 18.0cm 너비 70.8cm 길이 45.3cm

031 석류·불수감과 복숭아무늬 ◉
나전어문반
螺鈿魚紋盤
조선 18~19세기, 일본 야마토문화관
높이 9.1cm 지름 37.0cm

032 석류와 복숭아무늬 ◉
나전도학문십이각관모함
螺鈿桃鶴紋十二角冠帽函
조선 18~19세기, 일본 고려미술관
높이 24.2cm 지름 37.5cm

033 용과 구름무늬
나전용문반짇고리
螺鈿龍紋裁縫箱子
조선 18~19세기, 서울역사박물관
높이 7.5cm 지름 32.8cm

034 용무늬
화각필통
華角筆筒
조선 19세기, 경기도박물관
높이 13.3cm 지름 13.5cm

035 용과 구름무늬
나전운룡송호문베갯모
螺鈿雲龍松虎紋枕板
19~20세기, 삼성미술관 리움
지름 21.3cm

036 용무늬
나전용문상자
螺鈿龍紋箱子
조선 19~20세기 초, 국립중앙박물관
높이 32.7cm 너비 42.0cm 길이 42.4cm

037 용무늬
화각실패
華角絲捲
19~20세기, 경기도박물관
너비 3.6cm 길이 9.0cm

038 봉황무늬 ●
나전봉황문상자
螺鈿鳳凰紋箱子
조선 19세기, 일본 야마토문화관
높이 15.0cm 너비 34.6cm 길이 16.2cm

039 봉황과 구름무늬 ●
나전장생문함
螺鈿長生紋函
조선 19세기, 일본 고려미술관
높이 25.0cm 너비 64.0cm 길이 35.5cm

040 봉황무늬
화각운봉문머릿장
華角雲鳳紋單層欌
조선 19세기, 국립중앙박물관
높이 26.5cm 너비 38.7cm 길이 21.5cm

041 봉황무늬
나전봉황문베갯모
螺鈿鳳凰紋枕板
조선 19세기 후반~20세기 초,
숙명여자대학교박물관
너비 12.3cm 길이 12.3cm

042 봉황 · 오동과 대나무무늬
나전장생문삼층농
螺鈿長生紋三層籠
20세기 초, 국립고궁박물관
높이 217.0cm 너비 87.3cm 길이 45.0cm

043 괴수무늬
나전단화금수문경
螺鈿團花禽獸紋鏡
통일신라 8~10세기, 삼성미술관 리움
지름 18.6cm

044 괴수무늬
화각십장생문함
華角十長生紋函
조선 18세기, 국립고궁박물관
높이 37.5cm 너비 71.0cm 길이 37.8cm

045 괴수무늬
화각사령문함
華角四靈紋函
조선 19세기, 호림박물관
높이 16.7cm 너비 24.9cm 길이 16.7cm

046 괴수무늬 ●
화각장생문삼층장
華角長生紋三層欌
20세기 초, 국립고궁박물관
높이 126.4cm
개판 너비 39.3cm 몸통 너비 38.0cm
개판 길이 84.0cm 몸통 길이 76.2cm

047 호랑이무늬
화각장생문함
華角長生紋函
조선 19세기, 경기도박물관
높이 15.0cm 너비 22.7cm

048 호랑이와 소나무무늬
나전송호문베갯모
螺鈿松虎紋枕板
조선 19세기 말~20세기 초, 국립민속박물관
지름 21.5cm

049 사슴과 소나무무늬
화각장생문빗접
華角長生紋梳函
조선 18세기 후반, 국립중앙박물관
높이 20.5cm 너비 24.0cm 길이 24.0cm

050 사슴무늬
나전십장생문갑
螺鈿十長生紋文匣
20세기 초, 국립고궁박물관
높이 38.0cm 너비 87.3cm 길이 29.1cm

051 토끼무늬
화각장생문필통
華角長生紋筆筒
조선 19세기, 국립중앙박물관
높이 12.5cm 너비 20.0cm

052 다람쥐와 포도넝쿨 ●
나전포도당초문함
螺鈿葡萄唐草紋函
조선 18~19세기, 경북대학교박물관
높이 9.8cm 너비 46.5cm 길이 32.2cm

053 다람쥐무늬
나전화조문반짇고리
螺鈿花鳥紋裁縫箱子
조선 19세기, 국립중앙박물관
높이 9.2cm 너비 36.5cm 길이 36.5cm

054 십장생무늬
나전십장생문함
螺鈿十長生紋函
조선 19세기, 국립중앙박물관
높이 28.8cm 너비 47.3cm 길이 28.2cm

055 십장생무늬
나전십장생문경상
螺鈿十長生紋經床
조선 19세기, 디아모레뮤지움
높이 23.8cm 너비 55.0cm 길이 27.0cm

056 십장생무늬
나전십장생문베갯모
螺鈿十長生紋枕板
조선 19세기 후반~20세기 초,
숙명여자대학교박물관
너비 12.8cm 길이 12.8cm

057 십장생무늬
나전십장생문이층농
螺鈿十長生紋二層籠
19~20세기, 국립민속박물관
높이 126.8cm 너비 87.0cm 길이 47.5cm

058 십장생무늬
화각십장생문함
華角十長生紋函
19세기 말~20세기, 삼성미술관 리움
높이 27.3cm 너비 47.2cm 길이 27.8cm

059 십장생무늬
나전십장생문함
螺鈿十長生紋函
20세기 초, 숙명여자대학교박물관,
높이 23.7cm 너비 37.3cm 길이 22.0cm

060 학과 구름무늬
나전운학매조죽문상자
螺鈿雲鶴梅鳥竹紋箱子
조선 18세기, 국립중앙박물관
높이 10.0cm 너비 27.5cm 길이 27.5cm

061 학과 복숭아무늬
나전매조죽학문함
螺鈿梅鳥竹鶴紋函
조선 18~19세기, 서울역사박물관
높이 28.2cm 너비 49.0cm 길이 28.4cm

062 학과 소나무무늬 ◉
나전장생문반짇고리
螺鈿長生紋裁縫箱子
조선 19세기, 국립민속박물관
높이 13.7cm 너비 37.5cm 길이 37.5cm

063 학과 복숭아무늬
나전도학문침
螺鈿桃鶴紋枕
19~20세기 초, 국립중앙박물관
높이 13.3cm 너비 24.6cm

064 학과 매화무늬 ◉
나전사군자문반짇고리
螺鈿四君子紋裁縫箱子
19~20세기, 일본 고려미술관
높이 10.2cm 너비 32.0cm 길이 32.0cm

065 학무늬 ◉
나전장생문빗접
螺鈿長生紋梳函
조선 19세기 말~20세기 초, 경북대학교박물관
높이 28.0cm 너비 27.7cm 길이 26.6cm

066 학무늬
화각학문실패
華角鶴紋絲捲
19~20세기, 국립민속박물관
두께 1.3cm 너비 10.1cm 길이 4.1cm

067 원앙무늬
나전원앙문베갯모
螺鈿鴛鴦紋枕板
조선 19~20세기 초, 국립중앙박물관
지름 10.7cm

068 새와 매화무늬
나전운봉화조문빗접
螺鈿雲鳳花鳥紋梳函
조선 17~18세기, 국립중앙박물관
높이 26.5cm 너비 26.5cm 길이 26.5cm

069 새와 매화무늬
나전화조문함
螺鈿花鳥紋函
조선 18세기, 일암관
높이 16.0cm 너비 36.0cm 길이 19.0cm

070 새와 매화무늬 ◉
나전시구화조문필통
螺鈿詩句花鳥紋筆筒
조선 18세기, 일본 야마토문화관
높이 16.3cm 지름 14.9cm

071 새 · 매화와 대나무무늬 ◎
나전화조문상자
螺鈿花鳥紋箱子
조선 18세기, 일암관
높이 10.0cm 너비 30.5cm 길이 30.5cm

072 새와 매화무늬 ◉
나전화조문상자
螺鈿花鳥紋箱子
조선 19세기, 일본 고려미술관
높이 9.5cm 너비 28.0cm 길이 28.0cm

073 박쥐무늬
나전편복매죽수자문함
螺鈿蝙蝠梅竹壽字紋函
조선 19세기, 호림박물관
높이 20.2cm 너비 38.7cm 길이 18.0cm

074 나비와 모란넝쿨무늬
나전모란당초나비문상자
螺鈿牡丹唐草蝶紋箱子
조선 17~18세기, 국립중앙박물관
높이 12.0cm 너비 28.0cm 길이 28.0cm

075 벌과 포도넝쿨무늬 ◉
나전포도당초문함
螺鈿葡萄唐草紋函
조선 18세기, 일본 고려미술관
높이 12.5cm 너비 45.5cm 길이 32.6cm

076 나비와 모란무늬
나전모란사군자문상자
螺鈿牡丹四君子紋箱子
조선 18세기, 일본 도쿄국립박물관
높이 9.0cm 너비 25.6cm 길이 25.4cm

077 나비무늬 ◉
나전어피쌍용문탁자장
螺鈿魚皮雙龍紋卓子欌
조선 19세기 말, 경기도박물관
높이 91.0cm 너비 48.0cm

078 거북과 물고기무늬
나전귀어문일주반
螺鈿龜魚紋一柱盤
조선 19세기, 국립중앙박물관
높이 36.0cm 지름 24.0cm

079 거북무늬
화각령수문함
華角靈獸紋函
조선 19세기, 호림박물관
높이 15.0cm 너비 34.0cm 길이 19.8cm

080 두꺼비무늬 ◦
화각장생문함
華角長生紋函
20세기 초, 경북대학교박물관
높이 13.8cm 너비 22.2cm 길이 22.2cm

081 물고기무늬 ◦
나전연상
螺鈿硯床
20세기 초, 국립고궁박물관
높이 26.3cm 너비 39.5cm 길이 27.1cm

082 물고기무늬 ◦
화각장생문함
華角長生紋函
20세기 초, 경북대학교박물관
높이 15.5cm 너비 36.4cm 길이 23.4cm

083 산수무늬 ◦
나전인물산수문연상
螺鈿人物山水紋硯箱
조선 17세기, 일암관
높이 11.3cm 너비 31.0cm 길이 21.0cm

084 산수무늬 ◦
나전산수문탁자장
螺鈿山水紋卓子欌
조선 19세기, 고려대학교박물관
높이 119.2cm 너비 60.5cm 길이 33.5cm

085 산수무늬 ◦
나전산수문문갑
螺鈿山水紋文匣
조선 후기, 일암관
높이 19.7cm 너비 29.5cm 길이 28.5cm

086 산수무늬 ◦
나전산수문빗접
螺鈿山水紋梳函
19세기 말~20세기 초, 국립민속박물관
높이 30.6cm 너비 31.3cm 길이 31.3cm

087 산수무늬 ◦
나전산수문상자
螺鈿山水紋箱子
20세기, 일본 고려미술관
높이 24.6cm 너비 31.5cm 길이 21.8cm

088 구름과 학무늬
나전운학문상자
螺鈿雲鶴紋箱子
조선 18세기, 국립중앙박물관
높이 16.1cm 너비 81.8cm 길이 45.1cm

089 구름무늬 ◦
나전어피쌍용문이층농
螺鈿魚皮雙龍紋二層籠
조선 19세기 말, 일본 고려미술관
높이 121.0cm 너비 73.0cm 길이 37.0cm

090 구름무늬
나전장생문상자
螺鈿長生紋箱子
19~20세기, 국립중앙박물관
높이 15.1cm 너비 53.0cm 길이 15.1cm

091 물속풍경무늬 ◦
나전장생문십이각호족반
螺鈿長生紋十二角虎足盤
조선 19세기 말~20세기 초, 국립고궁박물관
높이 27.0cm 지름 58.0cm

092 물속풍경무늬 ◦
나전어문대야
螺鈿魚紋盤
20세기 초, 고려대학교박물관
높이 8.5cm 지름 5.5cm

093 보배무늬
나전모란당초문능화형반
螺鈿牡丹唐草紋菱花形盤
조선 16세기, 일본 도쿄국립박물관
높이 4.0cm 너비 47.0cm 길이 34.5cm

094 보배무늬 ◦
나전봉황문연상
螺鈿鳳凰紋硯床
조선 19세기 후반, 일본 고려미술관
높이 21.0cm 너비 25.0cm 길이 33.0cm

095 보배무늬
나전수자문문갑
螺鈿壽子紋文匣
조선 19~20세기 초, 국립중앙박물관
높이 32.7cm 너비 105.5cm 길이 25.4cm

096 보배무늬 ◦
나전장생문호족반
螺鈿長生紋虎足盤
20세기 초, 국립고궁박물관
높이 39.0cm 지름 62.0cm

097 수자무늬
나전귀갑수자문말안장
螺鈿龜甲壽字紋鞍
조선 19~20세기 초, 국립중앙박물관
높이 32.5cm 너비 43.0cm 길이 58.7cm

098 수복자무늬
나전수복장생문장
螺鈿壽福長生紋欌
20세기 초, 국립고궁박물관
높이 74.5cm 너비 85.7cm 길이 40.9cm

099 수복강령자무늬
나전도학수복강령문관모함
螺鈿桃鶴壽福康寧紋冠帽函
조선 19세기, 국립중앙박물관
높이 26.5cm 지름 42.0cm

100 희자무늬
나전희자문상자
螺鈿喜字紋箱子
조선 19세기, 호림박물관
높이 17.1cm 너비 59.0cm 길이 38.5cm

101 귀갑무늬
나전귀갑문안경집
螺鈿龜甲紋眼鏡匣
19~20세기 초, 국립중앙박물관
길이 17.0cm 너비 7.0cm

102 해포무늬
나전해포문연상
螺鈿海泡紋硯床
19~20세기 초, 국립중앙박물관
높이 26.7cm 너비 36.7cm 길이 24.4cm

103 번개무늬
나전매죽문실패
螺鈿梅竹紋絲捲
19~20세기, 경기도박물관
너비 13.0cm 길이 7.0cm

104 동자와 포도넝쿨무늬
나전포도동자문상자
螺鈿葡萄童子紋箱子
조선 18~19세기, 일본 도쿄국립박물관
높이 17.6cm 너비 76.5cm 길이 48.0cm

105 인물무늬
나전산수인물문이층농
螺鈿山水人物紋二層籠
19~20세기, 일본 덴리대학교 부속 덴리참고관
높이 55.7cm 너비 69.8cm 길이 36.3cm

106 인물무늬 ◉
나전산수인물문기반
螺鈿山水人物紋碁盤
19~20세기, 일본 고려미술관
높이 29.5cm 너비 45.0cm 길이 45.0cm

107 인물과 산수무늬
나전인물산수문문갑
螺鈿人物山水紋文匣
20세기 초, 이화여자대학교박물관
높이 42.4cm 너비 91.2cm 길이 25.2cm

108 불상무늬 ◉
화각장생문함
華角長生紋函
조선 19세기 전반, 일본 고려미술관
높이 31.0cm 너비 48.5cm 길이 22.0cm

109 동자무늬 ◉
화각장생문함
華角長生紋函
조선 19세기 후반, 일본 고려미술관
높이 32.0cm 너비 46.0cm 길이 28.0cm

110 인물무늬 ◎
화각장생문함
華角長生紋函
조선 후기, 일암관
높이 19.2cm 너비 19.5cm 길이 19.5cm

INDEX

017 Lotus Leaf and Fish Pattern
Lacquered Bowl Inlaid with Mother-of-Pearl
Joseon dynasty, 19th century, The
National Museum of Korea

018 Lotus Pattern
Lacquered Table Inlaid with Mother-of-Pearl
Joseon dynasty, Late in the 19th ~ Early
in the 20th century, Ewha Womans
University Museum

019 Plum Blossom Pattern
Lacquered Korean Foot Inlaid with
Mother-of-Pearl
Joseon dynasty, 18th century, The
Museum Yamato Bunkakan, Japan

020 Plum Blossom Pattern
Lacquered Lidded Box Inlaid with Mother-
of-Pearl
Joseon dynasty, 18th~19th century, The
Museum Yamato Bunkakan, Japan

021 The Four Gracious Plants Pattern
Lacquered Box Inlaid with Mother-of-Pearl
Joseon dynasty, 17th~18th century, The
National Museum of Korea

022 The Four Gracious Plants Pattern
Lacquered Cylindrical Box Inlaid with
Mother-of-Pearl
Joseon dynasty, 19th century, Koryo
Museum of Art, Japan

023 The Four Gracious Plants Pattern
Lacquered Table Inlaid with Mother-of-Pearl
Joseon dynasty, 19th century, The Amore
Museum

024 Flower and Vine Pattern
Lacquered Chest Inlaid with Mother-of-Pearl
Joseon dynasty, 19th century, Gyeonggi
Provincial Museum

025 Pine Tree and Bamboo Pattern
Lacquered Box Inlaid with Mother-of-Pearl
Joseon dynasty, Second half of the 18th
century ~ 19th century, Tokyo National
Museum, Japan

026 Pine Tree Pattern
Lacquered Chest Inlaid with Mother-of-
Pearl for Storaging combs
Joseon dynasty, 19th century, The
National Palace Museum of Korea

027 Bamboo and Crane Pattern
Lacquered Chest Inlaid with Mother-of-Pearl
Joseon dynasty, 19th~20th century, The
National Museum of Korea

028 Grapevine Pattern
Lacquered Box Inlaid with Mother-of-Pearl
Joseon dynasty, 17th century, The
Musuem Yamato Bunkakan, Japan

029 Grapevine Pattern
Lacquered Document Box Inlaid with
Mother-of-Pearl
Joseon dynasty, 18th century, The
National Museum of Korea

030 Grapevine Pattern
Lacquered Box Inlaid with Mother-of-Pearl
Joseon dynasty, 19th century, The
National Folk Museum of Korea

031 Pomegranate, Fingered Citron and
Peach Pattern
Lacquered Basin Inlaid with Mother-of-Pearl
Joseon dynasty, 18th~19th century, The
Museum Yamato Bunkakan, Japan

032 Pomegranate and Peach Pattern
Lacquered Chest Inlaid with Mother-of-
Pearl for Storaging hats
Joseon dynasty, 18th~19th century, Koryo
Museum of Art, Japan

033 Dragon and Cloud Pattern
Lacquered Workbox Inlaid with Mother-
of-Pearl
Joseon dynasty, 18th~19th century, Seoul
Museum of History

034 Dragon Pattern
Brush Holder Adhered with painted
Ox-horn Sheet
Joseon dynasty, 19th century, Gyeonggi
Provincial Museum

035 Dragon and Cloud Pattern
Lacquered Pillow-end Plaque Inlaid with
Mother-of-Pearl
19th~20th century, Leeum

036 Dragon Pattern
Lacquered Box Inlaid with Mother-of-Pearl
Joseon dynasty, 19th~Early in the 20th
century, The National Museum of Korea

037 Dragon Pattern
Spool Adhered with painted Ox-horn Sheet
19th~20th century, Gyeonggi Provincial
Museum

038 Phoenix Pattern
Lacquered Document Box Inlaid with
Mother-of-Pearl
Joseon dynasty, 19th century, The
Museum Yamato Bunkakan, Japan

039 Phoenix and Cloud Pattern
Lacquered Chest Inlaid with Mother-of-Pearl
Joseon dynasty, 19th century
Koryo Museum of Art, Japan

040 Phoenix Pattern
Single Wardrobe Adhered with painted
Ox-horn Sheet
Joseon dynasty, 19th century, The
National Museum of Korea

041 Phoenix Pattern
Lacquered Pillow-end Plaque Inlaid with
Mother-of-Pearl
Joseon dynasty, Second half of the 19th ~
Early in the 20th century, Sookmyung
Women's University Museum

042 Phoenix, Paulownia tree and Bamboo
Pattern
Lacquered Compound Wardrobe Inlaid
with Mother-of-Pearl
Early in the 20th century, The National
Palace Museum of Korea

043 Beast Pattern
Mirror Inlaid with Mother-of-Pearl
Unified Silla, 8th~10th century, Leeum

044 Beast Pattern
Chest Adhered with painted Ox-horn Sheet
Joseon dynasty, 18th century, The
National Palace Museum of Korea

045 Beast Pattern
Chest Adhered with painted Ox-horn Sheet
Joseon dynasty, 19th century, Horim
Museum

046 Beast Pattern
Wardrobe Adhered with painted Ox-horn
Sheet
Early in the 20th century, The National
Palace Museum

047 Tiger Pattern
Chest Adhered with painted Ox-horn Sheet
Joseon dynasty, 19th century, Gyeonggi
Provincial Museum

048 Tiger and Pine Tree Pattern
Lacquered Pillow-end Plaque Inlaid with
Mother-of-Pearl
Late in the 19th century ~ Early in the
20th century, The National Folk Museum
of Korea

049 Deer and Pine Tree Pattern
Chest Adhered with painted Ox-horn
Sheet for Storaging combs
Joseon dynasty, Second half of the 18th
century, The National Museum of Korea

050 Deer Pattern
Lacquered Wardrobe Inlaid with Mother-
of-Pearl
Early in the 20th century, The National
Palace Museum of Korea

051 Hare Pattern
Brush Holder Adhered with painted
Ox-horn Sheet
Joseon dynasty, 19th century, The
National Museum of Korea

052 Squirrel and Grapevine Pattern
Lacquered Document Box Inlaid with
Mother-of-Pearl
Joseon dynasty, 18th~19th century,
Kyungbook University Museum

053 Squirrel Pattern
Lacquered Workbox Inlaid with Mother-
of-Pearl
Joseon dynasty, 19th century, The
National Museum of Korea

054 The Longevity Pattern
Lacquered Chest Inlaid with Mother-of-Pearl
Joseon dynasty, 19th century, The
National Museum of Korea

055 The Longevity Pattern
Lacquered Sutra Reading Desk Inlaid with
Mother-of-Pearl
Joseon dynasty, 19th century, The Amore
Museum

056 The Longevity Pattern
Lacquered Pillow-end Plaque Inlaid with
Mother-of-Pearl
Joseon dynasty, Second half of the 19th ~
Early in the 20th century, Sookmyong
Women's University Museum

057 The Longevity Pattern
Lacquered Compound Wardrobe Inlaid
with Mother-of-Pearl
19th~20th century, The National Folk
Museum of Korea

058 The Longevity Pattern
Chest Adhered with painted Ox-horn Sheet
Late in the 19th ~ 20th century, Leeum

059 The Longevity Pattern
Lacquered Chest Inlaid with Mother-of-Peal
Early in the 20th century, Sookmyong
Women's University Museum

060 Crane and Cloud Pattern
Lacquered Box Inlaid with Mother-of-Pearl
Joseon dynasty, 18th century, The
National Museum of Korea

061 Crane and Peach Pattern
Lacquered Chest Inlaid with Mother-of-Pearl
Joseon dynasty, 18th~19th century, Seoul
Museum of History

062 Crane and Pine Tree Pattern
Lacquered Workbox Inlaid with Mother-
of-Pearl
Joseon dynasty, 19th century, The
National Folk Museum of Korea

063 Crane and Peach Pattern
Lacquered Headrest Inlaid with Mother-
of-Pearl
19th~20th century, The National Museum
of Korea

064 Crane and Plum Blossom Pattern
Lacquered Workbox Inlaid with Mother-
of-Pearl
19th~20th century, Koryo Museum of Art,
Japan

065 Crane Pattern
Lacquered Chest Inlaid with Mother-of-
Pearl for Storaging combs
Joseon dynasty, Late in the 19th century
~ Early in the 20th century, Kyungbook
National University Museum

066 Crane Pattern
Spool Adhered with painted Ox-horn Sheet
19th~20th century, The National Folk
Museum of Korea

067 Mandarine Duck Pattern
Lacquered Pillow-end Plaque Inlaid with
Mother-of-Pearl
Joseon dynasty, 19th ~ Early in the 20th
century, The National Museum of the Korea

068 Bird and Plum Blossom Pattern
Lacquered Chest Inlaid with Mother-of-
Pearl for Storahing combs
Joseon dynasty, 17th~18th century, The
National Museum of Korea

069 Bird and Plum Blossom Pattern
Lacquered Chest Inlaid with Mother-of-Pearl
Joseon dynasty, 18th century, Iramgwan
Collection

070 Bird and Plum Blossom Pattern
Lacquered Brush Holder Inlaid with
Mother-of-Pearl
Joseon dynasty, 18th century, The
Museum Yamato Bunkakan, Japan

071 Bird, Plum Blossom and Bamboo
Pattern
Lacquered Box Inlaid with Mother-of-Pearl
Josoen dynasty, 18th century, Iramgwan
Collection

072 Bird and Plum Blossom Pattern
Lacquered Box Inlaid with Mother-of-Pearl
Joseon dynasty, 19th century, Koryo
Museum of Art, Japan

073 Bat Pattern
Lacquered Chest Inlaid with Mother-of-Pearl
Joseon dynasty, 19th century, Horim Museum

074 Butterfly, Peony and Vine Pattern
Lacquered Box Inlaid with Mother-of-Pearl
Joseon dynasty, 17th~18th century, The
National Museum of Korea

075 Bee and Grapevine Pattern
Lacquer Document Box Inlaid with
Mother-of-Pearl
Josoen dynasty, 18th century, Koryo
Museum of Art, Japan

076 Butterfly and Peony Pattern
Lacquered Box Inlaid with Mother-of-Pearl
Joseon dynasty, 18th century, Tokyo
National Museum, Japan

077 Butterfly Pattern
Lacquered Oriental Cabinet Inlaid with
Mother-of-pearl
Joseon dynasty, Late in the 19th century,
Gyeonggi Provincial Museum

078 Tuttle and Fish Pattern
Lacquered Table Inlaid with Mother-of-Pearl
Joseon dynasty, 19th century, The
National Museum of Korea

079 Tuttle Pattern
Chest Adhered with painted Ox-horn Sheet
Joseon dynasty, 19th century, Horim
Museum

080 Toad Pattern
Chest Adhered with painted Ox-horn Sheet
Early in the 20th century, Kyungbook
National University Museum

081 Fish Pattern
Lacquered Inkstone Table Inlaid with
Mother-of-Pearl
Early in the 20th century, National Palace
Museum of Korea

082 Fish Pattern
Chest Adhered with painted Ox-horn Sheet
Early in the 20th century, Kyungbook
University Museum

083 Landscape Pattern
Lacquered Inkstone Box Inlaid with
Mother-of-Pearl
Joseon dynasty, 17th century, Iramgwan
Collection

084 Landscape Pattern
Lacquered Oriental Cabinet Inlaid with
Mother-of-Pearl
Joseon dynasty, 19th century, Korea
University Museum

085 Landscape Pattern
Lacquered Chest of drawers Inlaid with
Mother-of-Pearl
Late Joseon dynasty, Iramgwan Collection

086 Landscape Pattern
Lacquered Chest Inlaid with Mother-of-Pearl for Storaging combs
Late in the 19th century ~ Early in the 20th century, The National Folk Museum of Korea

087 Landscape Pattern
Lacquered Chest Inlaid with Mother-of-Pearl
20th century, Koryo Museum of Art, Japan

088 Cloud and Crane Pattern
Lacquered Box Inlaid with Mother-of-Pearl
Joseon dynasty, 18th century, The National Museum of Korea

089 Cloud Pattern
Lacquered Compound Wardrobe Inlaid with Mother-of-Pearl
Joseon dynasty, Late in the 19th century, Koryo Museum of Art, Japan

090 Cloud Pattern
Lacquered Chest Inlaid with Mother-of-Pearl
19th~20th century, The National Museum of Korea

091 Underwater Landscape Pattern
Lacquered Polygonal Table Inlaid Mother-of-Pearl
Joseon dynesty, Late in the 19th century ~ Early in the 20th century, The National Palace Museum of Korea

092 Underwater Landscape Pattern
Lacquered Washbasin Inlaid with Mother-of-Pearl
Early in the 20th century, Korea University Museum

093 Treasure Pattern
Lacquered Tray Inlaid with Mother-of-Pearl
Joseon dynasty, 16th century, Tokyo National Museum, Japan

094 Treasure Pattern
Lacquered Inkstone Table Inlaid with Mother-of-Pearl
Joseon dynasty, Second half of the 19th century, Koryo Museum of Art, Japan

095 Treasure Pattern
Lacquered credenza Inlaid with Mother-of-Pearl
Joseon dynasty, 19th ~ Early in the 20th century, The National Museum of Korea

096 Treasure Pattern
Lacquered Table Inlaid with Mother-of-Pearl
Early in the 20th century, The National Palace Museum of Korea

097 'Su [壽]' Character Pattern
Lacquered Saddle Inlaid with Mother-of-Pearl
Joseon dynasty, 19th ~ Early in the 20th century, The National Museum of Korea

098 'Subok [壽福]' Character Pattern
Lacquered Wardrobe Inlaid with Mother-of-Pearl
Early in the 20th century, The National Palace Museum of Korea

099 'Subokgangnyeong [壽福康寧]' Character Pattern
Lacquered Chest Inlaid with Mother-of-Pearl for Storaging hats
Joseon dynasty, 19th century, The National Museum of Korea

100 'Hee [喜]' Character Pattern
Lacquered Box Inlaid with Mother-of-Pearl
Joseon dynasty, 19th century, Horim Museum

101 Tortoise Shell Pattern
Lacquered Glasses case Inlaid with Mother-of-Pearl
19th ~ Early in the 20th century, The National Museum of Korea

102 Geometric Pattern
Lacquered Inkstone Table Inlaid with Mother-of-Pearl
19th ~ Early in the 20th century, The National Museum of Korea

103 Fret Pattern
Lacquered Spool Inlaid Mother-of-Pearl
19th~20th century, Gyeonggi Provincial Museum

104 Boy and Grapevine Pattern
Lacquered Box Inlaid with Mother-of-Pearl
Joseon dynasty, 18th~19th century, Tokyo National Museum, Japan

105 Figure Pattern
Lacquered Compound Wardrobe Inlaid Mother-of-Pearl
19th~20th century, Tenri University Sankokan Museum, Japan

106 Figure Pattern
Lacquered Korean Chess Table Inlaid with Mother-of-Pearl
19th~20th century, Koryo Museum of Art, Japan

107 Figure and Landscape Pattern
Lacquered Wardrobe Inlaid with Mother-of-Pearl
Early in the 20th century, Ewha Womans University Museum

108 Buddhist Image Pattern
Chest Adhered with painted Ox-horn Sheet
Joseon dynasty, First Half of the 19th century, Koryo Museum of Art, Japan

109 Boy Pattern
Chest Adhered with painted Ox-horn Sheet
Joseon dynasty, Second half of the 19th
century, Koryo Museum of Art, Japan

110 Figure Pattern
Chest Adhered with painted Ox-horn Sheet
Late Joseon dynasty, Iramgwan Collection

소장처 목록

경기도박물관

경북대학교박물관

고려대학교박물관

국립고궁박물관

국립민속박물관

국립중앙박물관

디아모레뮤지움

삼성미술관 리움Leeum

서울역사박물관

숙명여자대학교박물관

이화여자대학교박물관

일암관

호림박물관

일본 고려미술관高麗美術館

일본 기타무라미술관北村美術館

일본 덴리대학교부속참고관天理大學校附屬參考館

일본 도쿄국립박물관東京國立博物館

일본 민예관日本民藝館

일본 야마토분카칸大和文華館

참고 문헌

단행본

김종태,《칠기공예론》, 일지사, 1977

岡田讓,《東洋漆藝史の研究》, 中央公論美術出版, 1978

東京國立博物館,《(特別展觀) 中國の螺鈿 – 14世紀から17世紀を中心に》, 東京國立博物館, 1979

이칠용,《칠공예》, 시문, 1980

최순우,《한국의 목칠가구》, 경미출판사, 1981

이칠용,《칠공연구》, 미진사, 1984

중앙일보사,《한국의 미 – 목칠공예》, 중앙일보사, 1985

이종석,《한국의 목공예》, 열화당, 1988

국립중앙박물관,《조선시대 문방제구》, 국립중앙박물관, 1992

건국대학교박물관,《한국의 목공예》, 건국대학교박물관, 1993

김삼대자,《전통 목가구》, 대원사, 1994

이종석,《한국의 전통공예》, 열화당, 1994

이화여자대학교,《옛 가구의 아름다움》, 이화여자대학교, 1996

곽대웅,《화각장》, 국립문화재연구소, 2000

경북대학교박물관,《경북대학교박물관 소장유물도록》, 경북대학교박물관, 2003

김희수,《목가구》, 국립민속박물관, 2003

경기도박물관,《경기도박물관 명품선》, 경기도박물관, 2004

박영규,《목칠공예》, 솔출판사, 2005

국립민속박물관,《한민족역사문화도감 주생활》, 국립민속박물관, 2006

국립중앙박물관,《천년을 이어온 빛 나전칠기》, 국립중앙박물관, 2006

서울역사박물관,《우리네 사람들의 멋과 풍류》, 서울역사박물관, 2006

서울역사박물관,《한국의 목가구》, 서울역사박물관, 2006

정해조,《나전장》, 국립문화재연구소, 2006

논문

岡田讓, 〈文獻上より見た高麗螺鈿〉, 《美術研究》175, 1954, pp.42~44

岡田讓, 〈近世初期漆芸における李朝螺鈿の影響, ミュージアム〉 53, 1955, pp.2~8

곽대웅, 〈한국 나전칠기의 연구: 기법과 무늬의 상관성〉, 홍익대학교 대학원, 1978

김형선, 〈한국 목칠공예에 관한 고찰: 문양의 사회적 배경과 시문기법을 중심으로〉, 숙명여자대학교 대학원, 1982

정명호, 〈한국 공예기술 발달사 – 화각공예에 대한 연구를 중심으로〉, 《마한백제문화》 4, 원광대학교 마한백제문화연구소, 1982, pp.173~208

김 욱, 〈한국 나전칠공예의 사적 고찰〉, 《수선논집》 12(No.1), 1987, pp.439~454

최공호, 〈조선 말기와 근대기의 나전칠기 연구〉, 홍익대학교 대학원, 1987

김민진, 〈조선시대 목물 문양에 관한 연구 – 나전칠기와 화각문양을 중심으로〉, 조선대학교 대학원, 1988

이난희, 〈조선시대의 나전 연구〉, 이화여자대학교 대학원, 1993

이선영, 〈조선조 나전칠기에 관한 연구〉, 숙명여자대학교 대학원, 1995

김근배, 〈대한제국기 – 일제 초 관립공업전습소의 설립과 운영〉, 《한국문화》 18, 서울대학교 한국문화연구소, 1996, pp.423~465

이중희, 〈조선미술전람회 창설에 대하여〉, 《한국근대미술사학》 3, 한국근대미술사학회, 1996, pp. 93~146

최영숙, 〈고려시대 나전칠기 연구〉, 홍익대학교 대학원, 1998

김삼대자, 〈문헌으로 본 나전칠기의 시원〉, 《고고역사학지》 16, 2000, pp.497~509

李蘭姬, 〈高麗螺鈿の研究: 東京國立博物館所藏重要文化財毛利家傳來高麗螺鈿菊花文經箱の復元模造製作を通して〉, 東京藝術大學 大學院, 2000

정명호, 〈한국공예 과학기술발달사 – 화각공예에 대한 연구를 중심으로〉, 《실학사상연구》 15~16, 모악실학회, 2000, pp.173~208

조현경, 〈고려시대 나전칠기에 관한 연구〉, 동아대학교 대학원, 2000

최공호, 〈일제시기의 박람회 정책과 근대 공예〉, 《미술사논단》 11, 한국미술연구소, 2000, pp.117~137

최공호, 〈관립공업전습소 연구〉, 《한국근대미술사학》 9, 한국근대미술사학회, 2000, pp.153~188

최공호, 〈한국 근대공예사 연구 – 제도와 이념〉, 홍익대학교 대학원, 2001

최영숙, 〈고려시대 나전칠기 연구〉, 《미술사연구》 15, 2001, pp.75~108

신 숙, 〈통일신라 평탈공예 연구〉, 홍익대학교 대학원, 2002

최공호, 〈한국 근대문양의 시각문화적 성격〉, 《한국근대미술사학》 10, 한국근대미술사학회, 2002, pp.153~182

손영학, 〈통영 나전칠기의 전통과 변화〉, 경북대학교 대학원, 2003, pp.433~465

이난희, 〈고려나전의 기법에 대한 고찰〉, 《미술사학》 17(No.1), 2003, pp.189~212

최행수, 〈나전칠기의 문양 분석 – 18·19세기를 중심으로〉, 경기대학교 대학원, 2003

진동옥, 〈대한민국 미술전람회의 공예부에 관한 고찰 – 1949~1965년을 중심으로〉, 숙명여자대학교 대학원, 2004

ABSTRACT

National Research Institute of Cultural Heritage has been carrying out the Ten-Year Plan for 'Korean Traditional Pattern Record Project' since 2006. 'Korean Traditional Pattern 3 Na-jeon [螺鈿] (Lacquerware Inlaid with Mother-of-Pearl) and Hwagak [華角] (Woodenware Adhered with painted Ox-horn Sheet) Crafts' is the third published catalogue of this project, following 'Korean Traditional Pattern 1 Textile (2006)' and 'Korean Traditional Pattern 2 Ceramics (2008).'

This catalogue contains photos, illustrations, and descriptions of 110 patterns of Najeon (Lacquerware Inlaid with Mother-of Pearl) and Hwa-gak (Woodenware Adhered with painted Ox-horn Sheet) Crafts. The patterns were selected based on its value in history of traditional patterns, and bear distinguished periodic and classific characteristics.

The 'Na-jeon' crafts - a decorative technique adhering worked shells on surfaces of objects (mainly furnitures and ornaments) - has long history in Korea. In Goryeo dynasty, in particular, according documents of this period, outstanding delicate and sophisticated features of the Na-jeon crafts were acknowledged by neighboring countries. In late Joseon dynasty, the market for Na-jeon artcraft, which was limited to aristocracy, has been expanded to common people. This expansion of the market was caused by growth of both commerce and industry, and resulted in extended diversity in objects and patterns of Na-jeon artcraft. Expansion of the market prompted other crafts also, such as 'Hwa-gak' - an artistic technique adhering objects with painted ox-horn sheet - has appeared.

In this catalogue, patterns of Na-jeon (Lacquerware Inlaid with Mother-of-Pearl) and Hwa-gak (Woodenware Adhered with painted Ox-horn Sheet) crafts are largely divided into seven categories, namely Plant pattern, Animal pattern, Landscape pattern, Object pattern, Character pattern, Geometric pattern, and Figure pattern.

In plant patterns, peony, chrysanthemum, four gracious plants — plum blossom, chrysanthemum, orchid, bamboo —, lotus, pine tree, and fruit-grape, pomegranate, citron- were mostly used. In animal patterns, dragon, pheonix, beast, crane, mandarine duck, various kinds of birds, longevity, bat, insect, and fish were included. Cloud pattern, underwater landscape pattern were used for landscape patterns. Treasure pattern was used for object patterns. In character patterns, *Su* [壽], *Bok* [福], *Subokgangnyeong* [壽福康寧], *Man* [卍], *Ah* [亞] character were mostly used. In addition, fret pattern, tortoise shell pattern and *Haepo* [海泡] pattern were used for Geometrical pattern. Lastly, there was a figure pattern.

In Goryeo and early Joseon dynasty, plant pattern and animal pattern were preferred than other patterns in *Na-jeon*, and used for major patterns on the center of works. But in late Joseon dynasty, various patterns which have *Gilsang* [吉祥] (Symbols of lucky signs) meanings were very popular in *Na-jeon* and *Hwa-gak* crafts. In the patterns of *Gilsang* [吉祥], the longevity pattern and treasure pattern, character pattern were used most frequently.

우리나라 전통 무늬 ³ 나전·화각

지은이   국립문화재연구소

초판 1쇄 인쇄일 2009년 5월 29일
초판 1쇄 발행일 2009년 6월 15일

펴낸이   김효형
펴낸곳   (주)눌와
등록번호   1999. 7. 26. 제10-1795호
주소   서울시 마포구 성산동 617-8 2층
전화   02.3143.4633
팩스   02.3143.4631
이메일   nulwa@chol.com

편집   강승훈, 김선미
디자인   R2D2 visual, 김덕오
마케팅   최은실, 유원식

출력   한국커뮤니케이션
용지   한서지업사
인쇄   미르인쇄
제본   상지사

ISBN   978-89-90620-19-4 세트
        978-89-90620-39-2 93910

이 책은 콩기름 잉크soy ink로 인쇄한 친환경 인쇄물입니다.